蓮如

日本人のこころの言葉

一楽　真　著

創元社

はじめに

時代の先行きが見えないと人間はどうしても不安になります。やたらと現状の改革が叫ばれ、行き詰まりを打破してくれるリーダーの出現が期待されていますが、それは未来が見えない不安感の表れといえます。このことは、いつの時代にも、どこの国においても起こりうる問題であると思います。

未来は、現在そのものではありません。しかし、現在に方向を与えたり、希望をもたらしたりするという意味で、現在と深く関わっています。その未来がまったく見えないという状況下では、今日を生きる気力も失われてしまうのではないでしょうか。

蓮如《れんにょ》（一四一五—一四九九）は、未来がどうなるかわからない戦国乱世の不安な時代をたくましく生きた人です。一九九八年は蓮如が亡くなって五百回目の命日を迎えた年で、ちょっとした〝蓮如ブーム〟が起こりました。背景には、一九九〇年代初めのバブル崩壊によって、これからの日本の行く先が見えにくくなったことがありました。また一九九五年に地下鉄サリン事件が起こり、宗教とは何かということが改めて問われた影響もあったと思われます。

それからすでに十年以上も過ぎましたが、蓮如は、今も高い関心を集めているとは言い難い状況です。その意味で、本書では改めて蓮如の言葉を通して、人間の問題を考えてみたいと思います。

蓮如は京都の本願寺の長男として、この世に生を享けます。親鸞《しんらん》が寺をもたず、生涯一人の仏弟子として生ききったのに対比すれば、蓮如は初めから本願寺の人間として生きることを余儀なくされました。親鸞に純粋な信仰生活を見ようとする立場からは、蓮如は俗物だと批判する人もいます。実際、蓮如が登場したことによって、本願寺教団の勢力はそれ以前と比べられないほど大きくなりました。そこが俗的に見えるのかもしれません。

逆に、俗的な生き方こそが蓮如の魅力だと見る人もあります。生涯に五度の結婚をし、合計二十七人の子がいたことは、よく知られています。また蓮如を慕う人々の力が集まって、北陸には「百姓の持ちたる国」と呼ばれる民衆の自治体制が出現するまでになりました。いずれにしても、蓮如が本願寺に生まれ、それを取り巻く世の中を生きたことは間違いありません。

戦乱の世を生き抜き、後世にも影響力を及ぼした人として、蓮如のリーダー的役割には非常に大きなものがあります。しかしながら、蓮如自身はリーダーをもって自任していたわけではありません。たとえば、『歎異抄《たんにしょう》』が伝える「親鸞は弟子一人ももたず」という親鸞の言葉を、みずからも大事にしながら、他者にも伝えていったのが蓮如です。どこまでも親鸞の生き方に学びながら、自分自身がその教えに生きようとしたのです。

それが結果として、多くの賛同者を得ることになりました。もちろん、蓮如の人間的魅力がなければ、そんなことが起こるはずもないのですが、蓮如自身が教えの言葉を大事に聞き続けた人であったことを確かめておきたいと思います。

蓮如の著作としては、みずから書いた『正信偈大意《しょうしんげたいい》』と『御文《おふみ》』（『御文章《ごぶんしょう》』ともいう）がまず挙げられます。『正信偈大意』は親鸞が作った漢文の歌である「正信偈」の意味を蓮如が述べたものです。『御文』は書簡形式で書かれた法語で、二五〇通あまりを数えます。また、息子の実悟《じつご》や弟子の日記に記されている蓮如の言行などをもとに『蓮如上人御一代記聞書《れんにょしょうにんごいちだいききがき》』がまとめられています。

本書では、それらの中から蓮如の願いや生き方を表す言葉を抜き出し、簡単な解説を加えました。言葉そのものは五百年という時をへだてています。しかし、人間の問題は時代を超えて通じているものがあります。本書が、蓮如がのこした言葉から、蓮如の語りかけを聞き、蓮如という人に触れる一端になれば、筆者としては大いなる喜びです。

二〇一四年　春

一楽　真

日本人のこころの言葉

蓮如

目次

言葉編

Ⅰ　人間を見る目

目次

Ⅲ 「念仏もうす」人生

Ⅳ　世間との関わり

生涯編

装丁　上野かおる
編集協力　株式会社唐草書房

言葉編

＊原文は、引用にあたって、原則として新字体・現代かなづかいに改め、読みやすくするために、ふりがなや句読点を付けました。また、現在一般につかわれていない漢字はひらがなにするなどの調整をしました。

I

人間を見る目

❶ 人をわけへだてしない教え

当流《とうりゅう》、親鸞聖人《しんらんしょうにん》の一義《いちぎ》は、あながちに出家発心《しゅっけほっしん》のかたちを本《ほん》とせず、捨家棄欲《しゃけきよく》のすがたを標《ひょう》せず、ただ一念帰命《いちねんきみょう》の他力《たりき》の信心《しんじん》を決定《けつじょう》せしむるときは、さらに男女老少《なんにょろうしょう》をえらばざるものなり。

【現代語訳】 私たちに届いている親鸞聖人の教えは、必ずしも出家して発心するというかたちをとりません。また、家を捨てて欲を棄てるという姿をあらわすこともありません。阿弥陀仏をよりどころにするという他力の信心ひとつが決まるだけでよいのです。決して男も女も、年老いた者も若い者もわけへだてしない教えなのです。

（『御文《おふみ》』一―二）

親鸞が亡くなって約二百五十年、その時代に蓮如は自らが親鸞の教えに生きようとした人でした。人びとが仏法のもとに寄り集まる場、「お講《こう》」を作ったのも蓮如です。人びとはお講に集っては、人の話に耳を傾けたり、自分の悩みを語ったりして、生きる勇気を回復していきました。そのお講で読み上げられるために書かれたのが「御《お》文《ふみ》」(「御文章《ごぶんしょう》」とも)です。読み上げられることによって、文字を読めない人にも親鸞の言葉が届くようになりました。それが蓮如の工夫であったことは間違いありません。右の御文の言葉が物語っているように、親鸞の教えそのものが、どんな人をもわけへだてしないのです。

仏教といえば、だれもがまずはお寺やお坊さんを思い浮かべるでしょう。また、迷いを超えてさとりを得るためには、厳しい修行を積み重ねることが不可欠だと思われています。これは現在でも変わっていない仏教に対するイメージです。釈尊の一生が、出家というかたちをとっていたわけですから、当然であるといえます。しかし、釈尊は仏教が出家の修行者だけのものとは考えていませんでした。在家《ざいけ》の者には在家の歩み方があることを教え示すとともに、男性も女性もわけへだてしませんでした。

その精神を受け継いだのが親鸞であり、蓮如であるといってよいのです。

親鸞は九歳から二十九歳までの多感な時代を比叡山で過ごしました。出家の僧侶として人間の苦しみの元になっている煩悩を断ち切るための修行に励みました。ところが、修行を重ねても貪《むさぼ》りや怒りの心はなくなりません。また、他人と比べて自らの修行を誇ろうとする慢心も、かえって大きくなるばかりです。二十年間修行したことに対する執着も起こります。こんな自分が本当に迷いを超えていく道はあるのか。それを求めた親鸞は、比叡山を下りて、法然上人《ほうねんしょうにん》のもとを訪ねることになるのです。

親鸞の言葉を弟子の唯円がまとめた『歎異抄《たんにしょう》』には、親鸞が聞きとめた法然上人の「ただ念仏して弥陀《みだ》にたすけられまいらすべし」という一言が伝えられています。ひたすら阿弥陀仏を念じて、阿弥陀仏にたすけていただきなさいという呼びかけです。ここには、いくら修行を重ねても煩悩を断ち切れない人間の姿が見据えられています。貪りや怒りの心は自分で制御できるものではありません。いくら気をつけていても、条件がそろえばいつでも湧き起こってきます。貪りや怒りの心が消えないからこそ、阿弥陀仏を念じて生きていくことが大事なのです。いわば、阿弥陀仏に導かれながら、一歩ずつ歩んでいく生活です。

このことを蓮如は、右の御文で「ただ一念《いちねん》帰命《きみょう》の他力《たりき》の信心《しんじん》を決定《けつじょう》せしむる」と語っているのです。一念とはひとたび阿弥陀仏を念ずることです。

阿弥陀とはインドの言葉がもとになっていますが、「無量寿《むりょうじゅ》」と訳されるように、優劣、善悪、役に立つ立たないといった価値観で量れないいのちの世界を表しています。ちょうど太陽がどんな者をもわけへだてなく照らすように、雨がどんな草であっても平等に潤すように。この阿弥陀仏を念ずるとき、人は初めて自らの価値観でがんじがらめになっていたことに気づくのです。

今の日本で最も強いのは経済効率という価値観です。利益につながることは評価され、利益につながらないものを無駄と見る、そんな見方で人間までも評価していく風潮があります。その評価の中で、生きる勇気を失っていく人たちも多いのではないでしょうか。阿弥陀仏を念ずるところに、人間の価値観が絶対ではないことを知らされます。五百年前、蓮如は、阿弥陀仏の世界に出会うことの大切さを教えてくれています。その言わんとするところに学ぶ必要があります。

❷ 生はともに

当時このごろ、ことのほかに疫癘《えきれい》とて人死去《しきょ》す。これさらに疫癘《えきれい》によりてはじめて死するにはあらず。生まれはじめしよりしてさだまれる定業《じょうごう》なり。さのみふかくおどろくまじきことなり。

（『御文』四―九）

【現代語訳】　このごろ、たくさんの人々が伝染病にかかって死んでいっています。しかし、決して伝染病のせいで死んだのではありません。生まれたときからすでに死ぬことは決まっているのですから、そんなに深く驚くべきことではありません。

これは延徳四年（一四九二）、蓮如が七十八歳のときの御文です。多くの人々が伝染病で亡くなっていく現状の中で、書かれています。一読すると、他者の死を悲しんでいないかのように見えます。「おどろくまじきことなり」という言葉は、冷たくすら感じられます。しかし、蓮如は人が死んでいくことを冷ややかに眺めているのではありません。伝染病にかかって死んでいくことは、人間の力ではどうすることもできない事実であることをまずおさえているのです。ひとたび病気にかかれば、どれほど手を尽くしても死をまぬがれえないことがあると知った上で、それをどのように受けとめるかが大事であるというのです。

生まれた者は必ず死ぬというのが生命の事実です。それはだれ一人として避けることはできません。にもかかわらず、死はまだまだ先のことだと考え、まさか自分にやってくるとは日ごろ思ってもみません。病気になったり、事故や災害に巻き込まれたりしたときに初めて慌てることになります。それは世間の常であるかもしれませんが、蓮如は死が近づいてきてから慌てるのでなく、日ごろから死とともにある生を見つめることを呼びかけているのです。

その意味で、本当に悲しいのは、一度しかない自分の人生について深く思いをいたすこともなく、空しく終わっていくことなのです。

生がだれとも代わることのできないかけがえのないものであるように、死もまただれとも代わることはできません。変な言い方になりますが、かけがえのない死であり、また私の死です。どんな者として一生を終えるのか、これはよりよく生きるということと同じくらい大切なことのはずです。ところが、死を自分の人生とはなかなか思えません。外から来る邪魔者のように見なしてしまいます。「病魔」とか「死魔」という言葉はそれをよく表しています。蓮如が「これさらに疫癘《えきれい》によりてはじめて死するにはあらず。生まれはじめしよりしてさだまれる定業《じょうごう》なり」と語るのは、死とともにある生をどう生きるかという呼びかけです。

この御文の後半で、蓮如は「いよいよ阿弥陀仏をふかくたのみまいらせて、極楽に往生すべしとおもいとりて」と語ります。前項でもふれましたが、阿弥陀とは「無量《むりょう》寿《じゅ》」と訳されます。人間のものの見方や価値観で量れないいのちを表しています。阿弥陀を念ずるとき、すべてを自分の価値観で量っていたことに気づかされます。

健康は確かにうれしいことですが、病気になったらおしまいなのでしょうか。長生きしなければ生まれてきた価値はないのでしょうか。それぞれが、だれとも代わることのできない人生です。その人生を点数で計ることなどできないはずです。役に立つ・立たないというものさしで裁くことなどできません。「阿弥陀仏を深くたのみまいらせて」という言葉は、人間のものさしを基準にするのではなく、阿弥陀仏をよりどころとして生きることをすすめているのです。そこに、極楽に往生することが成り立つというのです。

「極楽」については改めて述べますが、ひと言で言うならば、苦しみと対比されるような楽ではなく、本当の楽を意味します。それは、善と悪、優と劣、さらには生と死といった対比を超えたものです。たとえ病気で苦しみを抱えながら命終《みょうじゅう》したとしても、かけがえのない人生を完結したことに違いはありません。極楽に触れるところに、死者の人生にも再び会い直していくことが始まるのではないでしょうか。蓮如は、疫病でたくさんの人が亡くなっていく状況の中で、たとえ命が終わっても消えることのない世界について語っているように思います。

❸ 命ははかない、さればどうするか

一生すぎやすし。いまにいたりてたれか百年の形体《ぎょうたい》をたもつべきや。我《われ》やさき、人やさき、きょうともしらず、あすともしらず、おくれさきだつ人は、もとのしずく、すえの露《つゆ》よりもしげしといえり。されば朝《あした》には紅顔《こうがん》ありて夕《ゆう》べには白骨《はっこつ》となれる身なり。

（『御文』五―一六）

【現代語訳】 人の一生は過ぎやすいものです。今の時代、だれが百年の寿命を保つことができましょうか。私が先立つであろうか、他の人が先であろうか、今日かもわかりませんし、明日かもしれません。遅れたり、先立ったりして命終《みょうじゅう》する人は、根元のしずくや、葉末《はずえ》の露よりも多いといわれます。ですから、朝には元気な顔をしていても、夕方には白骨となっていく身なのです。

たいへん有名な「白骨《はっこつ》の御文《おふみ》」（「白骨の御文章《ごぶんしょう》」とも）の一節です。現在でも真宗門徒の間では、よく読まれています。蓮如が何歳のときに書いたものかはわかりませんが、蓮如の死生観がよくうかがえます。ただ、この文章には元になっているものがあります。「もとのしずく、すえの露よりもしげしといえり」と「といえり」が付けられているとおり、引用であることが示されています。その元になっているのが、後鳥羽上皇が書いた「無常講式《むじょうこうしき》」です。

蓮如は、本願寺の第八代を四十三歳のとき継職しますが、それまでの長い期間、宗祖親鸞の著作をはじめとして、本願寺第三代の覚如《かくにょ》、およびその子息である存覚《ぞんかく》が書いたものを繰り返し読んだり、書写しています。「無常講式」は存覚の「存覚法語」に、部分が引用されており、蓮如はこれをふまえて白骨の御文を書いていると思われます。

後鳥羽上皇といえば、親鸞が法然とともに流罪となった承元《じょうげん》の法難《ほうなん》（建永の法難とも）で専修念仏《せんじゅねんぶつ》への弾圧を決定した人です。ところが、その十四年後には、自らが承《じょう》久《きゅう》の乱によって隠岐《おき》に流されました。親鸞は晩年の手紙のなかで、そのことに触れて、「念仏をとどめそうらいしが、世にくせごとのおこりそうらいしかば」と述べています。「念仏を弾圧したために普通にはあり得ないことがおこった」というのです。そして、それに続けて「それにつけても、念仏をふかくたのみて、世のいのりにこころいれて、もうしあわせたまうべしとおぼえそうろう」と言い、世の平安を祈って念仏をとなえることをすすめています。決して後鳥羽上皇を敵だとは見なしていません。

蓮如が後鳥羽上皇の「無常講式」の言葉を引用した意図を推測してみると、親鸞の教えを受けて、弾圧した者とされた者という対立を超えて、「念仏もうして生きる」ことの大事さを呼びかけているように思われます。また、後鳥羽上皇自身、隠岐に流されて人生を終えていく中で「無常講式」を書いていることを考えるならば、どんな高い身分や財産がある者でもまぬがれることはできないのが無常であることを訴えているように思います。

「百年の寿命」という点に限れば、現在の日本は世界の中でも有数の長寿国であり、近ごろは百十何歳という方もいます。しかし、「朝《あした》には紅顔《こうがん》ありて夕《ゆう》べには白骨《はっこつ》となれる身」という無常の事実は、今も変わりません。急な別れを前にして、「昨日まであんなに元気だったのに」とか、「今朝、元気に出かけていったのに」ということは、だれの上にも起こりえます。

「白骨の御文」で蓮如は、最後に次のように語りかけます。

されば、人間のはかなき事は、老少不定《ろうしょうふじょう》のさかいなれば、たれの人もはやく後《ご》生《しょう》の一大事を心にかけて、阿弥陀仏をふかくたのみまいらせて、念仏もうすべきものなり。

老少不定というはかない命の事実にたって、だれもがはやく後生の一大事をこころにかけて、阿弥陀仏を念じよ、と言うのです。死が近づいてから生き方について考え始めるのでは、間に合わないことがあるのです。「はやく」とは先延ばしにするな、今すぐにという意味です。

蓮如は、戦乱や飢饉でたくさんの人々が亡くなっていく現実を目の当たりにしていたに違いありません。だからこそ、どんな一生を送るのか、どんな者として死んでいくのか、さらには次の世代になにを残していくつもりか。それを阿弥陀仏の教えによりながら、今から明らかにしておくことの大事さを蓮如は語っているのです。

❹ 人間界より極楽世界を

人間は不定《ふじょう》のさかいなり。極楽《ごくらく》は常住《じょうじゅう》の国なり。されば不定《ふじょう》の人間にあらんよりも、常住《じょうじゅう》の極楽《ごくらく》をねがうべきものなり。

【現代語訳】 人間界は定まったものなどなに一つない世界です。それに対し、阿弥陀仏の極楽世界は変わることなく永久に存在する「常住の国」です。ですから、不定の人間界にとどまるのではなく、常住の極楽世界を願うべきであります。

（『御文』五—一一）

私たちが生きている世界に、本当に確かなものはあるでしょうか。努力を重ねて積み上げてきたものを一挙に失うこともあります。せっかく建てた家が災害によって壊れてしまうこともあります。また人との関係においても、頼りにしていた人に裏切られたり、別れを余儀なくされたりということもあります。まさに蓮如が言うとおり、不定であり、すべてがころころと変わっていきます。

現実が自分の思っていたように進まなかった場合、あるいは、思ってもみなかったことが起こった場合、思わず口をついて出るのは愚痴です。どうして私がこんな目に遭わないといけないのか、こんなはずではなかった、と。『大無量寿経《だいむりょうじゅきょう》』という経典には、「有田憂田《うでんうでん》」「無田憂田《むでんうでん》」という釈尊の言葉があります。田んぼがあればその田んぼのことで憂い悩み、田んぼがなければ田んぼがあったならと憂い悩む。この世を生きているそういう人間の姿をおさえた言葉です。いわば、あっても悩み、なくても悩む。どうなってみても安心できない、憂いから離れられないあり方を教えているのです。

蓮如が「不定《ふじょう》の人間にあらんよりも、常住《じょうじゅう》の極楽《ごくらく》をねがうべきものなり」と述べるのは、この世の不定の中で振り回される生き方を捨てて、常住の極楽を願うべきであるというすすめです。ちょっと聞くと、この世はつらく、悩みが多いから、極楽というユートピアに期待することをすすめているようです。しかし、蓮如の言葉は、この世を捨てて別世界に行ってしまうことを意味してはいません。この世が不定であることにまず目を覚ますことを呼びかけ、不定の世界に期待をかけることからの解放を呼びかけているのです。

自分の思いもしなかったことが起きるのが人生であり、この世の中です。それをはっきりと知らない限り、今度こそは大丈夫、あの人なら当てになるだろうと、次から次へと期待を繰り返すことになるのです。そういう生き方を、仏教では「流転輪廻《るてんりんね》」といいます。

欲望を追求して得られる楽は、手に入れるまでは目標となります。しかし、手に入れてしまうと、つまらなく思ったり、別のものが欲しくなったりするのです。満足できないことがかえって苦しみのたねにもなります。他人をねたんだり怨んだりすることにもなります。もっともっとという心が、実はいつまでも安心させないのです。世間の流行に流されるのが流転《るてん》、同じ過ちを繰り返し続けるのが輪廻《りんね》です。「極楽をねがう」とは、このような「流転輪廻」を超えることを呼びかけているのです。

世の中がどれほど変化しても変わることのないもの、それが「常住《じょうじゅう》」と語られる極楽です。たとえば、だれでも歳をとれば、若い時のようにはいかないでしょう。身体も思うように動かなければ、新しいこともなかなか記憶できません。でも、それは人間としての価値が減じたことなのでしょうか。動きにくくなった身体は、年齢を重ねてきた証です。ダメなことではないはずです。また、病気になっても、かけがえのない人生の重さは変わることはありません。世間の評価を中心にしてしまうと、変わることのない世界は見えなくなります。

常住の極楽を願うとは、変わることのない世界を念ずることです。世間の評価などではかることのできない阿弥陀仏の世界を中心に生きることです。阿弥陀仏の世界を中心にすると、この世を見る見方が一変するはずです。勝ったか負けたか、役に立つか立たないかで、すべてのものの価値を決めようとすることから解放されます。蓮如が語る極楽は、私たちの平生の生き方に深く関わっているのです。

⑤ まことの報恩とは

ただ、人目《ひとめ》・仁義《じんぎ》ばかりに、名聞《みょうもん》のこころをもって報謝《ほうしゃ》と号《ごう》せば、いかなる志《こころざし》をいたすというとも、一念帰命《いちねんきみょう》の真実の信心を決定《けつじょう》せざらん人々は、その所詮《しょせん》あるべからず。誠《まこと》に、水に入りて垢《あか》おちずといえるたぐいなるべきか。

（『御俗姓《ごぞくしょう》』）

【現代語訳】 ただ人の目を気にし、世間の義理だけで、あるいは他人から誉められたい気持ちで報恩謝徳だというなら、どれほどの志をなしたとしても、阿弥陀仏をよりどころにするという真実の信心が定まることがなければ、その甲斐はありません。それは実に、行水をしても垢を落とさないようなものです。

蓮如ほど「報恩講《ほうおんこう》」を大事にした人はいないのではないでしょうか。親鸞の命日（旧暦の十一月二十八日）を機縁として、一週間にわたって勤めるのが報恩講ですが、それを蓮如は毎年毎年、なにがあっても欠かしませんでした。右の御文は文明九年（一四七七）の報恩講を迎えるにあたって書かれたものです。

この二年前には加賀の守護との戦乱を避けるために、越前の吉崎《よしざき》（現在の福井県あわら市）を退去し、河内《かわち》の出口《でぐち》（現在の大阪府枚方市）に移っていますが、そこでも報恩講を勤めています。

この御文は「それ、祖師《そし》聖人《しょうにん》の俗姓《ぞくしょう》をいえば」という言葉から始まり、親鸞の生涯について簡潔に述べていることから、特に「御俗姓《ごぞくしょう》」と呼ばれ、浄土真宗の寺院においては現在も報恩講で読まれています。どのような心で報恩講を勤めるのか、蓮如の熱い思いが伝わってきます。

蓮如の人がらと教化の努力によって、報恩講には地方からもたくさんの人々がお参りに集まっていました。ところが、蓮如の目には、たくさんの人が集まってはいるが、真実信心を得た人は少ないと見えていたのです。報恩講にお参りにきて、この御文が読み上げられるのを聞いた人はどんな気持ちだったでしょうか。

「ただ、人目《ひとめ》・仁義《じんぎ》ばかりに、名聞《みょうもん》のこころをもって報謝《ほうしゃ》と号せば」とは、なんとも耳が痛い言葉ではありませんか。人がどう見ているかを気にしてのお参りは人目ばかりです。世間のつきあいでお参りしたのなら仁義ばかりです。立派な門徒と誉められたいのなら、それは名聞の心です。お参りする者に対し、どんな心で来ているのかを、蓮如は厳しく問うてきます。

そうかといって、蓮如は単に叱り飛ばしているわけではありません。もちろん、皮肉を言っているのでもありません。どこまでも、真実信心を得てほしい、阿弥陀仏を中心にした生き方を定めてほしいという願いから、このように呼びかけているのです。「誠《まこと》に、水に入りて垢《あか》おちずといえるたぐいなるべきか」というたとえは、身近なことから多くのことを考えさせてくれます。一日の疲れを癒すという意味でも入浴は大きな効果がありますが、お風呂に入って身体のよごれを落とさない人はないと思います。せっかくお風呂に入ってもよごれを落とさないとすれば、入った甲斐がないでしょう。

これと同じように、たとえ報恩講に参っても、「一念帰命《いちねんきみょう》」という阿弥陀仏をよりどころにする生き方が決まらないならば、どれだけ回を重ねようが、たくさんのお供えをもってこようが、その甲斐はない、と蓮如は言うのです。

親鸞の命日を縁として、親鸞の教えを改めて聞く。そして、それによって自分の生き方を見つめ直し、これからどう生きていくかをはっきりさせる。それが報恩講なのです。

日常の生活はどうしても忙しさに追われがちになります。自分の人生について立ち止まって考えること自体、きっかけがないと難しいのではないでしょうか。また、勝ったか負けたか、優れているか劣っているか、といった価値観に知らない間にがんじがらめになっていくことも起こります。一年に一度の報恩講は、それ故に大事なのです。一年のしめくくりであると同時に、新たな一年の始まりになるのです。

身体の垢やよごれを落とすことには気を使う人は多いと思います。しかし、本当に落とす必要があるのは心の垢ではないでしょうか。

❻死んだらどうなるかを問う

それ八万の法蔵《ほうぞう》をしるというとも後世《ごせ》をしらざる人を愚者《ぐしゃ》とす。たとい一文不知《いちもんふち》の尼入道《あまにゅうどう》なりというとも、後世をしるを智者《ちしゃ》とすといえり。

（『御文』五—二）

【現代語訳】 数えられないほどたくさんの教法を知っていても、後生《ごしょう》を知らない人を愚者というのです。たとえ仏教の言葉について一つも知らない者であっても、後世《ごせ》を知っている人を智者というのです。

苦しみ悩みは人それぞれで、状況の違いによっていろいろな形をとって現れてきます。その数の多さが「八万四千《はちまんしせん》の煩悩《ぼんのう》」という言葉で語られてきました。釈尊は苦しみ悩みに応じて法を説き、その説き方は「応病与薬《おうびょうよやく》」とも「対機説法《たいきせっぽう》」ともいわれます。八万四千の煩悩に応じて説かれるが故に、教えもまた「八万四千の法門《ほうもん》」にまで展開したのです。一見すると、仏教にたくさんの教えがあるようですが、実は苦しみ悩みが多様なのです。

仏教を学ぶというと、たくさんの本を読み、知識を蓄積することのように思われがちです。しかし、自分の生き方と結びつかなければ、その学びは単なる物知りか、マニアになるだけです。蓮如は言います。いくら「八万四千の法門」について詳しくなっても、肝心なことが抜ければ愚かである、と。そして、その肝心なこととは後世《ごせ》を知ることだと言うのです。

後世とは前世や現世に対して、来世を意味しています。前生《ぜんしょう》、今生《こんじょう》に対しては後《ご》生《しょう》ともいわれます。来世というと、どうしても死んだ後をイメージさせます。目に見えるものしか信じられない人、あるいは科学で実証できないものは存在しないと考える人には、受け付けることのできない言葉かもしれません。かつて、「人は死ねばゴミになる」と語った人がありました。死んだ後のことを否定する気持ちがはたらいていると思われますが、ただ、そう言い放っても人は落ち着けるものではありません。

死んだらどうなるのか、死んだ人はどこに行ったのか。これは、時代が変わっても消えることのない疑問ではないでしょうか。現代にも臨死体験《りんしたいけん》を述べる人がたくさんいますが、臨死体験はあくまでも感じたことであって、死そのものではありません。死んで戻ってきた人はありません。またそれ故に、他者の死を通して死について考えることはできても、自分の死は思いを超えています。

蓮如が言う「後世《ごせ》を知る」とは、死後の世界に詳しくなることではありません。また未来について予見できるようになることでもありません。自分の人生の向かう先が見えること、帰るべき世界がはっきりすることです。そのことを蓮如は、親鸞の言葉として次のように語ります。

されば聖人《しょうにん》の御ことばにも、「一切の男女《なんにょ》たらん身は、弥陀《みだ》の本願《ほんがん》を信ぜずしては、ふつとたすかるという事あるべからず」とおおせられたり。

すべての男も女も、阿弥陀仏の本願を信じなければ、決してたすかることはあるはずがない、と。どんな者もわけへだてしない阿弥陀の本願に出会うところに、寿命が長かったか短かったか、死ぬときのようすがどうであったかなどという、他人と比べて自分の人生を計る愚かさから解放されるのです。だれとも代わることのできない自分の人生を本当に生きることが成り立つのです。それがたすかることの中身です。

死がいつ訪れるか、これはだれにもわかりません。またどんな形でやってくるかもわかりません。その意味では、死はいつも次の瞬間にあるのです。つまり私たちは、死とともにある命を生きています。ただ、そのことを恐れてビクビクしながら日常を送るのではなく、どんな形であれ、安らかに自分の一生を尽くすようにしなければなりません。どこに向かって生きているのか、どんな一生を送ろうとしているのか。それを明らかにするのは今なのです。

そういう意味では、死んだらどうなるのか、という問いが湧き起こってくるのは大事なことです。その問いを誤魔化さずに尋ねていくことが、現在の生き方に方向を与えます。そして、自分の人生の行く先を知っている者こそが智者といえるのです。

❼ 明日に延ばしてはならない

仏法《ぶっぽう》には、明日《あす》と申す事、あるまじく候う。仏法の事は、いそげ、いそげ。

（『蓮如上人御一代記聞書《れんにょしょうにんごいちだいききがき》』一〇三）

【現代語訳】仏法には、明日ということはあるはずがありません。仏法のことは、とにかく急ぎなさい。

蓮如が日ごろ語っていた言葉や、人々にどのように向き合っていたかがまとめられた書物があります。いわば蓮如の言行録で、『蓮如上人御一代記聞書《れんにょしょうにんごいちだいききがき》』と呼ばれ、全体で三一六カ条からなります。元になったのは、弟子の空善《くうぜん》や息子の実悟《じつご》が記録していたものですが、蓮如の言葉がいかに耳に残っていたかが感じられます。蓮如自身が書いた『御文《おふみ》』の文章とは、また違った蓮如の語りかけが響いてきます。

蓮如は言います。「仏法《ぶっぽう》には、明日《あす》と申す事、あるまじく候う。仏法の事は、いそげ、いそげ」と。ちょっと聞くと、蓮如がせっかちな人だったようにも思えますが、どうなのでしょうか。

右の言葉の前には、蓮如が折々に語っていたこととして次のように記されています。

「仏法《ぶっぽう》のうえには、毎事《ことごと》に付きて、空《そら》おそろしき事に存《ぞん》じ候《そうろ》うべく候う。ただ、よろずに付きて、油断《ゆだん》あるまじきこと、と存じ候《そうら》え。」

(一たび仏法を聞く身になったからには、すべてのことを軽んじてはなりません。そらおそろしいという畏敬の念をもつべきであります。ひたすら、すべてのことについて油断してはならないと心得てください。）

仏法を聞くことが、どんなことをも軽んじない姿勢に結びつくことを語っています。日常の目の前のことを平凡なこととしてやり過ごすのでなく、本当に大事にできるようになるはずだというのです。

身体が健康なときは、自分の寿命に限りがあることをなかなか実感できません。ところが、身体の調子を崩したり、病気になったりすると、命について考えずにはいられなくなります。余命の宣告を受けたならば、だれもが残された人生をどう過ごすかを最優先に思うのではないでしょうか。病気によって死が近づいたように見えますが、実は生まれたということ自体、死すべき命を生きているのです。健康なときは、それに気づかないだけなのです。

健康はだれにとっても喜ばしいことです。しかし、それを当たり前と考えるならば、かえって毎日を何気なく送ってしまうことにもなります。限りある命であると知ってこそ、今がかけがえのないものとなるのです。それを仏法をとおして教えられるところに、目の前の一つひとつのことがおろそかにできないと知らされるのです。これについては、親鸞にも重なるエピソードがあります。

親鸞が仏門に入ったのは数え歳の九つのことです。伯父に伴われて入門することは決まっていたのですが、その日は夜も遅かったので、伯父さんが明日にしようと言ったところ、子どもの親鸞（もちろん、まだ親鸞とは名のっていません）が、一首の歌を詠みます。

明日《あす》ありと　思う心の　あだ桜《ざくら》　夜半《よわ》に嵐の　吹かぬものかは

（明日もあるだろうと思う心のために、桜の花を見られずに終わってしまうかもしれません。夜中に嵐が吹いて散ってしまうこともあるのですから）

この親鸞の熱い気持ちに応えて、夜のうちに入門の儀式を済ませたといいます。伝説的な話ではありますが、命のはかなさをよく見ているとともに、人生の問いを先延ばしにしない姿勢がよく現れています。

人生の問い、それはだれとも代わることができない自分自身の問いです。仏法を聞くことを通して人生の問いを明らかにすること。それを蓮如は「仏法の事は、いそげ、いそげ」と呼びかけているのです。

❽ 生きている限り罪をつくっている

坊主衆等《ぼうずしゅうら》に対《たい》せられ、仰《おお》せられ候う。「坊主《ぼうず》と云《い》う者は、大罪人《だいざいにん》なり」と、仰《おお》せられ候う。その時、みなみな、迷惑《めいわく》申され候う。さて、仰《おお》せられ候う。「罪がふかければこそ、阿弥陀如来《あみだにょらい》は御《おん》たすけあれ」と、仰《おお》せられ候う。

【現代語訳】 蓮如上人が坊主衆《ぼうずしゅう》におっしゃいました。「坊主という者は大罪人である」と。そのとき、聞いた人は一人残らず困惑しておりました。蓮如上人は続けて、「罪が深いからこそ、阿弥陀如来は御たすけくださるのである」とおっしゃいました。

（『蓮如上人御一代記聞書』二八九）

親鸞は人間における罪を深く見つめた仏教者です。蓮如はその教えを受けとめ、「罪業深重《ざいごうじんじゅう》」や「罪障《ざいしょう》」について繰り返し語っています。そして、仏法に関わりをもつ坊主衆の罪を問題にしているのが右の言葉です。

『仏説観無量寿経《ぶっせつかんむりょうじゅきょう》』という経典には、仏法を聞き、仏法を語る者が抱える問題が、次のように説かれています。

僧祇物《そうぎもつ》を偸《ぬす》み、現前僧物《けんぜんそうもつ》を盗み、不浄《ふじょう》に説法す。慚愧《ざんぎ》あることなし。もろもろの悪業をもってして自ら荘厳《しょうごん》す。かくのごときの罪人、悪業をもってのゆえに地獄に堕《だ》すべし。

僧祇《そうぎ》とは古いインドの言葉であるサーンギカの音写語で、「僧伽《そうぎゃ》」とも音写されます。僧祇物《そうぎもつ》（僧物）とは僧祇の物の意で、仏法によって統理された集まりである僧伽に属するすべての物を指します。私有物は何一つなく、すべて仏法のために用いられるべきものです。それを私物化することが、「盗む（偸む）」といわれています。また、説法は苦しみを超え、傷つけ合う生き方を離れるためになされるのが本来です。にもかかわらず、名声や利益を得ようとしてなされるものを「不浄説法《ふじょうせっぽう》」といいます。

つまるところ、仏法を説いているつもりでも、仏法でなくなっていくのです。このことに無自覚で慚愧《ざんぎ》なき（恥じ入ることのない）者はその罪によって地獄に堕する、とまで説かれています。

蓮如が「坊主《ぼうず》と云《い》う者は、大罪人《だいざいにん》なり」と語ったとき、この経文のことを深く思っていたに違いありません。それは、仏法に関わりながら、仏法から外れていく坊主衆を目の当たりにしていたからでしょう。ただ、蓮如は自分を横に置いて語っているのではありません。仏法を聞き、仏法を語るときに必ず起こってくる人間の問題として受けとめていたと思われます。蓮如自身も「大罪人」の中にいるのです。

右の言葉を聞いたとき、坊主衆の中には戸惑いが走ったことでしょう。とくに真面目に生きてきたつもりの人ほど動揺は激しかったに違いありません。「なぜ自分が大罪人なのか」、「なぜそこまで言われなければならないのか」と。

ところが、続く蓮如の「罪がふかければこそ、阿弥陀如来《あみだにょらい》は御《おん》たすけあれ」という言葉にハッとさせられます。そのような罪の深い者を救うのが阿弥陀仏であるというのです。もしも罪をつくることがないなら救う必要はありません。お互いに傷つけ合って生きることを離れられないからこそ、阿弥陀は教え導くのです。
この言葉にふれたとき、坊主衆は大事なことを忘れていたと恥じたに違いありません。いつの間にか、教えを聞いて善人になっていくように考えていたことを射抜かれたからです。いくつになっても危ういのです。仏法を聞いたからといって根性が直るわけではないのです。『蓮如上人御一代記聞書』の別の条には次のような言葉もあります。

いのちの、娑婆《しゃば》にあらんかぎりは、つみはつくるなり。

生きている限り罪をつくっていく人間の姿が、しっかりととらえられています。もちろん、罪をつくるのはしかたがないという開き直りではありません。罪をつくる我が身であることを知らされた悲しみの言葉です。そんな我が身であるからこそ、いよいよ教えに導かれることが大事なのです。
仏の教えがなくても大丈夫な自分なのか、それとも仏の教えがなくてはならない自分なのか、それが問われています。

⑨ 命のある限り改心できる

大罪人《だいざいにん》とて、なお、人を殺し候うこと、一段《いちだん》、御悲しみ候う。「存《ぞん》命《めい》もあらば、心中《しんじゅう》をなおすべし」と、仰《おお》せられ候。

【現代語訳】 たとえ、どんな大罪人であっても、その人を殺して命を奪うことを、なお一層、悲しまれたのが蓮如上人でした。「存命してさえいれば、心中をなおすこともあるはずだ」と言われました。

（『蓮如上人御一代記聞書』二四一）

罪を犯したならば償うのが当然だとだれもが言うに違いありません。しかし、なにをもって償いとするかとなれば、意見が分かれるでしょう。罪の度合いによって、謝罪せよ、態度で示せ、命をもって償え、など、さまざまな考えが出てきます。また、人を殺すのはよくないことだとはだれもが思うに違いありません。しかし、国家間の戦争となると、自分の国を守るためにはしかたがないと、人殺しを是認することも起こります。結局は、罪も償いも場合によってコロコロと変わっているのです。

右の蓮如の言葉は、どんな大罪人であっても、命がある限りは心を改める可能性があることを物語っています。だから、大きな罪を犯した者であっても、その命を奪うことを悲しんだのです。一見すると、蓮如が人間的に優しい人だったと受け取れます。それを否定するわけではありませんが、決してそれだけでは語れないものがあります。

この条の次に置かれている第二四二条には、かつて破門扱いにした下間蓮崇《しもつまれんそう》を許したことが記されています。蓮如は、越前国吉崎《よしざき》に教化の拠点をもっていたときに、加賀の守護であった富樫政親《とがしまさちか》との戦《いくさ》に巻き込まれていきます。蓮如は決して戦いをすめませんでしたが、蓮如の意思を正しく伝えず、かえって戦火を大きくしたのが下間蓮崇でした。その結果、蓮如は吉崎を退去して若狭《わかさ》を経て摂津《せっつ》に移っていきます。この吉崎退去の際に下間蓮崇は、言わば破門されたのです。

ところが最晩年、病床にあった蓮如が「下間蓮崇を許そうと思う」と語ったのです。周りで聞いた人たちは一様に驚いて、「仏法にそむき、多くの仲間を死に追いやった人ですよ、どうしてですか」と問いました。それに対して蓮如は「心中だけでも直るならば、どんな者であっても阿弥陀仏はもらすことなく救われるのだ」と答えたのです。このやり取りからすれば、下間蓮崇を許すというのは蓮如の個人的な思いではありません。仏が人間をどう見ているかという視点です。

釈尊は、人を九九九人も殺したアングリマーラを弟子にしています。また実の父を殺した阿闍世王《あじゃせおう》に対しても教えを説きました。その根にあるのは、目先の欲にとらわれて自分の生き方を見失っている痛ましさに対する慈悲のまなざしでした。もちろん、釈尊の教えを聞けば、殺したことが許してもらえるという話ではありません。かえって自分の犯した罪の深さを背負い、自分のこれまでの生き方が愚かであったことを見つめて生きることが始まるのです。阿闍世の場合でいえば、償いようのない罪を作った自分の愚かさを知った故に、自らが仏の教えに導かれるとともに、人々にも教えをすすめていくことになりました。

親鸞は、状況の中で追い込まれればなにをしでかしてしまうかわからない人間の危うさを、「さるべき業縁《ごうえん》のもよおさば、いかなる振る舞いもすべし」と語っています。そうなるべき業縁がもよおしたならば、どんな振る舞いもするであろう、と言うのです。これも、なにをしてもしかたがないという開き直りの言葉ではありません。自分の危うさを本当に知らされたからこそ、生き方を教えられることの大事さを述べているのです。

このように見てくると、蓮如が「存命してさえいれば、心中をなおすこともあるはずだ」と言うのは、人間には変わる可能性があるのだと語っているように思われます。それは、蓮如自身が仏の教えによって生き方を教えられ、教えによって導かれていたからにほかなりません。

《キーワード①御　文》

「御文《おふみ》」は蓮如が書いた手紙で、「御文章《ごぶんしょう》」とも呼ばれます。

手紙といっても、単なる私信ではありません。親鸞の教えを伝えるために、平易な言葉で書かれており、人々が寄り合う「講《こう》」と呼ばれる場に宛てて送られたものが多く残っています。その意味では、仏法《ぶっぽう》について書かれた「法語《ほうご》」といえます。

蓮如がはじめて御文を書いたのは四十七歳のときですが、亡くなる直前の八十四歳まで書き続け、実に二五〇通を超える御文を遺しています。

内容は、阿弥陀仏の浄土を説く親鸞の教えを嚙み砕いて語り、親鸞の教えに生きることをすすめるものが中心となっています。せっかく教えを聞きながらも教えに背くような生き方になっていることをなげくものもあります。

蓮如が北陸の吉崎《よしざき》に滞在していた時期は、守るべき決まりを定めた御文も書いています。本願寺教団が戦乱に巻き込まれたため、そのような掟が必要だったからです。

講に寄り合った人々は、親鸞の作った「正信偈《しょうしんげ》」と「和讃《わさん》」を読誦し、その後に蓮如の御文が読み上げられるのを聞いたと思われます。文字を読めない人であっても、教えの心に出会うことができるようになっていました。蓮如の御文によって、こうした場が各地に出来上がっていったのです。

Ⅱ

信心のすすめ

⑩ 人として生きる道

「即横超截五悪趣《そくおうちょうぜつごあくしゅ》」というは、一念慶喜《きょうき》の心おこりぬれば、すなわちよこさまに地獄《じごく》・餓鬼《がき》・畜生《ちくしょう》・修羅《しゅら》・人《にん》・天《てん》のきずなをきる、というこころなり。

（『正信偈大意《しょうしんげたいい》』）

【現代語訳】（親鸞の「正信偈《しょうしんげ》」の）「即横超截五悪趣《そくおうちょうぜつごあくしゅ》」という言葉は、ひとたび阿弥陀仏の本願を念じ喜ぶ心が起こったならば、即座に思ってもみなかったようなかたちで、地獄・餓鬼・畜生・修羅・人・天につなぎとめるきずなを截断する（迷いから解放される）という意味です。

親鸞が作った漢文の歌に、「正信偈《しょうしんげ》」があります。詳しくは「正信念仏偈《しょうしんねんぶつげ》」といい、文字どおり念仏を正しく信ずる歌です。全体で一二〇句からなり、自分が出会うことのできた念仏の教えを讃嘆する言葉がつらなっています。まず阿弥陀仏のはたらきをたたえ、次には阿弥陀仏の本願《ほんがん》を説く釈迦如来の教えをたたえ、そして釈迦如来の教えを受け継ぎ伝えてきた七人の高僧の仕事をたたえています。蓮如は、その一句一句に丁寧な解説をつけた本を書きました。それがこの『正信偈大意《しょうしんげたいい》』で、弟子の道西《どうさい》の求めに応じて書き与えられたものです。

右の言葉は釈迦如来の教えをたたえる一段に出ており、信心の利益を端的に述べています。阿弥陀仏の本願に出会い、本願を信ずるとき、五悪趣《ごあくしゅ》につなぎとめるきずなを即座に截断するというのです。五悪趣とは迷いのあり方を地獄・餓鬼・畜生・人・天の五つで表したもので、五道ともいわれます。これに争いの絶えない修羅（阿修羅とも）を加えて六道といい、迷いを繰り返すことが「六道輪廻《ろくどうりんね》」です。

地獄ときくと、死んだ後に堕ちていく世界のように思われますが、インドの古い言葉を音写して奈落《ならく》ともいわれ、苦しみの極みを意味します。苦しみにさいなまれ、休まるときがない状態で、生きているときも味わうものです。その苦しみが死んだ後まで続くことを恐れる人は、地獄に堕ちない方法を求めることになります。

また、「餓鬼」とはどれだけ食べてもお腹がふくれないことで、いわば、もっともっとという欲望に振り回され、なにを手に入れても満足できない者を指します。「畜生」は互いに傷つけ合うあり方で、「こんチクショウ」と言うときは、相手をののしるだけでなく、自分自身も畜生と化しているのです。

これに対し「天」は、「天に昇る気持ち」とか、「有頂天」といった言葉があるように、思いがかなった状態を指します。ただ、それは長続きするわけではなく、天から落ちることもあります。その意味で、天もまた迷いの中なのです。いわば、五悪趣《ごあくしゅ》とは人として生きていることがもつさまざまな側面を五つにまとめているわけです。

これは現代にもそのまま当てはまるように思われます。人として生まれたということを喜びたいと思いながら、他と比較して威張ってみたり、卑下してみたり、自分の思いどおりになることを幸せとし、思いどおりにならないことを不幸と考えたりしているのではないでしょうか。結局はいくつまで生きても、今度はあれが足りないとか、あれが邪魔だとか言いながら、不平不満の日々を過ごすことになります。

仏教は、このような生き方を痛ましいと見て、五悪趣と呼び、それを超えることを教えてきました。しかし、実際に五悪趣から抜け出ることは難しく、本当の喜びを得ることにはなかなかなりません。

「よこさま」というのは、「たてざま」に対する言葉です。親鸞は「横《おう》」と「竪《しゅ》」という字を用いています。「竪」とは一段ずつ修行を重ねて迷いを超えようとする道で、多くの仏教が目指すところです。しかし、思いどおりに修行が進むとは限りません。いつになれば五悪趣を離れられるという確証もありません。それほど五悪趣の迷いは深いのです。それが阿弥陀仏の本願を信ずるとき、遠い先のことでなく、即時に五悪趣のきずなを截《き》るといわれます。それを「横截《おうぜつ》」といいます。思ってもみなかったことが我が身に起こることを「横」という字で表しているのです。

だれもが五悪趣を超えて人として生きることができる、それが成り立つのは阿弥陀仏の本願によるほかにない、蓮如はそう語っています。

⑪ 自らも他人も損なう過ち

坊主《ぼうず》もしかしかと信心の一理をも聴聞《ちょうもん》せず、また弟子をばかようにあいささえ候うあいだ、われも信心決定《しんじんけつじょう》せず、弟子も信心決定せずして、一生はむなしくすぎゆくように候うこと、まことに自《じ》損損他《そんそんた》のとが、のがれがたく候う。

【現代語訳】　坊主がしっかりと信心の筋道を聴聞せず、また弟子の聴聞をさまたげることとしかしない。そういう状況で、坊主自身も信心が決まらず、その弟子も信心が決まらないまま、結局は一生を空しく過ぎ去ってしまうことは、まことに自損損他の過ちをのがれることができません。

（『御文《おふみ》』一―一）

この言葉は、五帖八〇通にまとめられている『御文《おふみ》』（『御文章《ごぶんしょう》』とも）の一帖目、第一通に出てくるものです。二五〇通あまりの蓮如の御文から八〇通が選ばれた経緯を明らかにすることはできませんが、蓮如自身が編集に深く関わっていたことが指摘されています。その意味で、全五帖の一番初めに置かれている言葉には、特に重い願いが託されていると推察されます。

一般に信心というと個人的なもので、そこに他者が関係するとは考えにくいのではないでしょうか。しかし蓮如は、さまざまな関係を生きている者の問題として、信心をみています。信心が決まらないと自分一人だけに終わらず、他者をも巻き込み傷つけ合っていくというのです。

たとえば、親はだれでも子どもが育つことを願っているでしょう。ただ、親には親の思いがあり、自分がよかれと考える方向に子どもを引っ張ろうとします。意見が食い違った際に、子どもの気持ちに向き合うことができる親は新たな方向を模索しようとしますが、自分の考えに固執する親は子どもを邪魔に思うことも起きます。しつけという名のもとに虐待が繰り返されるのは、これです。そのとき、子どもを傷つけていることは明白ですが、なんでウチの子どもはこうなんだと、自分で不幸を背負いこむことにもなります。これが「自損損他」です。自らも損《そこ》ない、他をも損なっていくのです。

もっとやっかいなのは、世間の価値観にどっぷりと浸かっている場合、自分で考えているつもりが、世間の考え方に流されているだけということがあります。現代の日本で言えば、なにかにつけて経済効率が優先され、経済的利益につながらないものは価値がないかのように思われがちです。そのため、自分の人生を見る際にも、我が子を見る際にも、経済的利益で計ることが起きるのです。

蓮如が信心を決めよと呼びかけるのは、なにを一番大事なこととして生きるのか、それがはっきりしないならば、自損損他をまぬがれないからです。そのときそのときを真面目に生きているつもりでも、世間の価値観に振り回されるだけに終わるからです。

この御文で蓮如は、特に人に仏法を伝える役目を担う僧侶に対して、厳しく戒めています。ちょうど蓮如が京都を離れて越前の吉崎《よしざき》に移ったころに書かれたもので、当時の北陸の坊主衆がどのようであったかをよく物語っています。自らの生き方として信心が決まらないばかりか、師匠づらをして門徒を配下に置こうとしていたのです。この御文を第一通に置いたところに、蓮如の力の入れ方がうかがえます。

蓮如は親鸞の「弟子一人ももたず」という言葉を挙げて、次のように言います。

聖人《しょうにん》は御同朋《おんどうぼう》・御同行《おんどうぎょう》とこそ、かしずきておおせられけり。

親鸞を師として仰ぐ人はあっても、親鸞はそれらの人を弟子と見なしませんでした。ともに教えを聞く仲間として接したのです。その姿勢を、「御同朋・御同行」とかしずいたとまで蓮如は受けとめました。親鸞は仲間に敬意をもって接していた、というのです。

指導者としてではなく、同じく教えを聞く仲間として生きることを蓮如は呼びかけます。そしてだれにとっても、最も急ぐべきことは、なにを大事にして生きるかという信心が決まることだと呼びかけているのです。

⑫ だれもがたすかる世界を信じる

信心獲得《しんじんぎゃくとく》すというは、第十八《だいじゅうはち》の願《がん》をこころうるなり。この願をこころうるというは、南無阿弥陀仏《なむあみだぶつ》のすがたをこころうるなり。

（『御文』五―五）

【現代語訳】 信心を獲得するということは、阿弥陀仏の第十八願を心得るということです。この願を心得るということは、南無阿弥陀仏のすがたを心得ることです。

信心《しんじん》という言葉は、日常の会話でも耳にします。「あの人は信心深い」と言えば、宗教に関心を寄せている人を形容しています。尊敬をもって語られる場合もあれば、少し敬遠ぎみに言われる場合もあります。また、「あの人は○○教を信心している」と言えば、その人の信仰の対象を指しています。ただいずれの場合も、その信心の内容となると、よくはわからないというのが正直なところではないでしょうか。

節分に豆撒きをしたり恵方巻《えほうまき》を食べたりというのが習慣になっている所もたくさんありますが、なにを信じているかとなると、やっている本人もよくわかっているとはいえません。「毎年やっているから」「やらないと落ち着かない」というのが実際のところかもしれません。門口にイワシの頭とヒイラギを飾って、鬼の侵入を防いでいるという人もありますが、それに対して「イワシの頭も信心から」という言葉もあります。これは、「イワシの頭」でさえ信心の対象になるという意味でもあり、人間はなんでも信ずる対象にしてしまうという意味でもあります。

蓮如のもとには、老若男女さまざまの人びとが集まってきました。その人々に対して蓮如は信心を獲得することをすすめました。その際に、信心とはなにかということを明確にすることにも努めました。なぜなら、たとえ阿弥陀仏を信ずるとか、釈尊の教えを信ずるといっていても、その中身が「イワシの頭」に期待を寄せるようなことであっては、自分の欲望の投影にすぎないことをよく知っていたからです。

阿弥陀仏は、だれもが本当に安心できる世界を四十八の願文《がんもん》をもって表現しました。その中で、どんな者も見捨てることなく、必ず迎え取るという意図が述べられているのが第十八番目の願《がん》で、「念仏往生《ねんぶつおうじょう》の願《がん》」と呼ばれます。蓮如は、この願を心得ることが信心の獲得であるというのです。ただし蓮如は、ここで第十八願の内容や言葉については全く説明していません。ひと言、「この願《がん》をこころうるというは、南無《なむ》阿弥陀仏《あみだぶつ》のすがたをこころうるなり」と語るのみです。

「南無阿弥陀仏のすがた」とはなんなのでしょうか。別の『御文』では、「南無阿弥陀仏」の六字を「南無」と「阿弥陀仏」とに分け、南無は阿弥陀仏をたのむ衆生とし、阿弥陀仏はその衆生をたすけるはたらきであると見ています。そして南無阿弥陀仏の六字は「われら一切衆生《いっさいしゅじょう》の、平等にたすかりつるすがたなり」といっているのです。

「たのむ」とは、阿弥陀仏にお願いして欲望をかなえようとすることではありません。どんな者もわけへだてしない阿弥陀の世界をよりどころとして生きることです。健康であることを価値とすれば、病気は価値のないことになります。なにかができることが価値とされれば、できないことは価値がないことになってしまいます。人間はそれに一喜一憂しますが、どんな状況にある者をもわけへだてしないのが阿弥陀仏です。その世界にうなずくところに、できるできないを超えて生きる道が開けるのです。

蓮如は阿弥陀の世界に出会い、どんな者もわけへだてしない世界をよりどころとして生きることをすすめています。それが信心の獲得であるというのです。逆に、なんらかの条件を整えて、自分に価値を付けてからたすかっていこうというのは、阿弥陀の世界を疑っていることにほかなりません。

他と比較しながら、いつも自分の価値を見出そうとしている人間にとっては、だれもが平等にたすかる阿弥陀の世界は、もっとも遠く、信ずるのが難しいといわねばなりません。その難しさを知っていたからこそ、蓮如は信心の獲得を繰り返し語り続けたのです。

⑬ 仏によって生き方が定められる

聖人《しょうにん》一流の御勧化《ごかんけ》のおもむきは、信心をもって本《ほん》とせられ候う。そのゆえは、もろもろの雑行《ぞうぎょう》をなげすてて、一心に弥陀《みだ》に帰命《きみょう》すれば、不可思議の願力《がんりき》として、仏《ぶつ》のかたより往生《おうじょう》は治定《じじょう》せしめたまう。

【現代語訳】 親鸞聖人が教えすすめてくださった趣旨は、信心をもって根本とすることです。それはどういうことかと言えば、念仏以外のすべての雑《ぞう》行《ぎょう》をなげすてて、一心に阿弥陀仏に帰依するならば、われわれの思いを超えた阿弥陀仏の不可思議の力によって、往生はおのずから定まるのです。

（『御文』五―一〇）

前述のとおり、蓮如の御文は二五〇通あまりが数えられますが、子息の実如《じつにょ》の代に五帖八〇通にまとめられて出版されます。五帖のうち前の四帖は年代順に並べられており、五帖目には年月日の記されていないものが収められています。具体的な状況のなかで書かれたというより、いつ読まれてもよい普遍的な内容をもっているといえます。実際、五帖目は現在も真宗門徒《しんしゅうもんと》の家でよく読まれており、中でもこの「聖人一流」の御文は、その簡潔さも手伝って、最もよく読まれているものの一つになっています。

短い御文ではありますが、ここには親鸞の教えの要がおさえられています。聖人がなにを教えてくださったのか、それをひと言で表すならば、信心を根本としなさいということです。信心といっても、人間の欲望をかなえるための、阿弥陀仏に頼ろうとする心ではありません。それはむしろ「雑行《ぞうぎょう》」といわれます。さまざまな行に励んでいても、結局は、こうすればたすかるはず、あれを手に入れれば満足するはず、と自分の思いを当てにしているだけなのです。すべての雑行を投げすてて、ふたごころなく、阿弥陀仏に帰依すること、それが信心の内容として語られています。

雑行を投げすてるとは、今まで当てにしてきたことが当てにならないと徹底して知ることを抜きには起こりえません。言い換えれば、なにか当てになるものがある間は、阿弥陀にたすけられることを願うはずがないのです。たとえば、自分の健康を信じて疑わない人は医者にかかる必要を感じません。自分の不調を自覚したときに初めて相談する気持ちが起きてきます。雑行を捨てることと、弥陀《みだ》に帰命《きみょう》することは、この意味において同時です。弥陀に帰命するところに、今まで予想もしていなかった世界が開けてきます。それが「不可思議の願力として仏《ぶつ》のかたより往生《おうじょう》は治定《じじょう》せしめたまう」ということです。

「仏のかたより」とは、人間の側からの欲望をかなえるのではなく、仏によって歩むべき方向が定められるということです。損得、優劣にとらわれていた見方から解放され、どんな者も見捨てない阿弥陀の広い世界に引き出されるのです。自分の思いを絶対化して生きてきた者には、予想もつかなかった世界との出会いであり、まことに不可思議というよりほかありません。この阿弥陀の世界に出会うこと、阿弥陀の世界こそが真実であるとうなずくこと、それが信心です。親鸞は信心を「信知《しんち》」という言葉でも語りますが、まさしく「まことに知った」ことが信心なのです。繰り返しますが、私たちがなにかを信じ込むことではないのです。このような信心を根本としたのが親鸞の教えであると蓮如は受けとめ、その信心を人々にもすすめたのです。

さらに、この信心に立った生き方を蓮如は次のように続けて述べています。

そのくらいを「一念発起《いちねんほっき》　入正定之聚《にゅうしょうじょうしじゅ》」とも釈《しゃく》し、そのうえの称名念仏《しょうみょうねんぶつ》は、如来《にょらい》わが往生《おうじょう》をさだめたまいし、御恩報尽《ごおんほうじん》の念仏と、こころうべきなり。

一念の信心が発起するところに、まさしく仏になることが定まったともがらに加えられるのです。そのうちに救われていくという話でなく、一念発起のときが生き方の定まるときなのです。それ故、信心が決定した上の称名念仏は、阿弥陀仏に何事かをお願いする念仏であるはずがありません。どんな者もわけへだてしない阿弥陀の世界を大事に念じながら生きていくことが始まるのです。その生き方を仏のほうからすでに定めてくださった御恩に報《こた》えるのが念仏なのです。

阿弥陀が教える世界を仰ぎながら生きていくこと、それを蓮如は「御恩報尽の念仏」と語っているのです。

⑭ 信心を獲得するということ

心中《しんちゅう》をあらためんとまでは、思う人あれども、信をとらんと、思う人なきなり。

（『蓮如上人御一代記聞書《れんにょしょうにんごいちだいききがき》』一七六）

【現代語訳】 自分の心をあらためようと反省する人はあるけれども、信心を獲得しようと思う人はいない。

なにを信じて生きるか、自分の信念はなにか、これは宗教の世界に限らず、どの場面においても重要視されます。逆に、私はなにも信じていませんなどと言うと、よほど過去につらい経験をしたと見られるか、場合によっては変人扱いされる可能性すらあります。

この文章で「信心を獲得しようと思う人はいない」と蓮如が言うのは、信心を獲得してほしいと願っているのに、そうする人がいないことをなげいての言葉です。ただ、ここで蓮如が言う信心は、私は○○を信じています、という自分の信念を語るものとは異なります。

他人を傷つけてしまったり、物事に失敗したりした場合、自分の心がけや考え方を反省するのは、人間として大切なことといえるでしょう。他人を傷つけて反省もせず、意にも介さないなら、人間としての資質を問われることにもなります。蓮如も心中を改めることを否定しているのではありません。『聞書』の一〇六条では、「人におさるるように、心中を持つべき」と言っています。では取り上げた言葉の意図はなんでしょうか。

過ちを繰り返さないように気をつけることは、とても大切です。しかし、心を入れ替えると宣言しても、人間の性分は簡単には直りません。「三《みっ》つ子《ご》の魂《たましい》、百まで」という俚諺もあるとおりです。そもそも心を入れ替えることなど、人間にできるのでしょうか。こう言うと、「所詮、人間なんてそんなものさ」、「努力してみても変わることなどできない」、「無駄なことはやめてしまえ」という声が聞こえてきそうです。

つまり、人間のあり方は大きく分けると二つにまとめられます。一つが、過ちを繰り返さないように気をつけて生きようとするあり方。二つは、気をつけてもどうせ直らないから、このままでいいやと開き直るあり方。前者を支えているのは、気をつけることによって向上していけるはずだという人間観、後者の元にあるのは、諦めともいえる厭世観です。

蓮如の言葉は、このどちらにも問題を見ています。過ちを繰り返さないという考えが大切であることは前にも述べたとおりです。ただ問題は、それが決意や掛け声にとどまって、実際にはなにも変わらない場合があることです。さらに、自分は気をつけて生きているという自負心を抱く人は、そうできない人を見下す傾向があります。結果的には、過ちを犯した人を許せず、排除することにもつながります。

一方、人間の性分は直らないというのは、人間の問題の根深さを見つめているといえます。戦争を繰り返してきた歴史を見るだけでも、愚かとしかいいようがない過去を人間は抱えています。しかし、だからといって、人間とはこんなものだと決めつけてしまうならば、傷つけ合う現実を放置することにしかなりません。たとえ本人が世界のありさまを厳しく批判しているつもりでも、冷ややかな批評に終わるか、結局は現状容認にしかなりません。

蓮如が「信をとらんと、思う人なきなり」というのは、自分の考え方を問うこともなく、自分の生き方に腰を下ろす人を見ています。「心中をあらためんとまでは」というのは、心中を改めれば問題を超えていけると信じている人です。いわば、自分の信念を強くもっている人です。しかし、それだけで超えていけるほど、人間の問題は浅くありません。もちろん、だから問題を放っておけというのでもありません。

仏の教えを仰ぐところに、はじめて自分の考え方が問われるのです。それを「信をとれ」という言葉で蓮如は呼びかけているように思われます。

⑮「他力の信心」とは

それ他力《たりき》の信心《しんじん》というはなにの要《よう》ぞといえば、かかるあさましきわれらごときの凡夫《ぼんぶ》の身が、たやすく浄土《じょうど》へまいるべき用意なり。

（『御文』二―一四）

【現代語訳】 他力の信心の要《かなめ》はなにかというならば、このようにあさましい我々のような平凡な身が、容易に浄土へ行くことができる用意がなされているということです。

蓮如は親鸞の教えを仰ぎながら一生を生きた人ですが、親鸞は法然上人を生涯の師と仰ぎました。その法然はひとえに中国の善導大師《ぜんどうだいし》の教えにより、ひたすら念仏するという教えを日本において掲げました。つまり、蓮如に至るまで永い時間をかけ、確かめられてきた教えなのです。それを蓮如は「当流《とうりゅう》」と呼び、当流における信心を「他力《たりき》の信心《しんじん》」と述べるのです。

善導大師は『観無量寿経《かんむりょうじゅきょう》』を特に重んじ、浄土に生まれるには信心が不可欠であることを示しました。ただ、信心といっても私たちがなにかを信じ込むことではなく、はっきりした内容があることを明らかにしました。信心が「信知《しんち》」（本当に知る）という言葉でも語られる所以です。その中身は、特に二つの面にまとめられています。古来、「二種深信《にしゅじんしん》」あるいは「機法《きほう》二種《にしゅ》の深信《じんしん》」と呼ばれてきたものです。

二種の深信の第一は、我が身についての信知です。つまり自分がどんな者であるかを本当に知ることです。善導は自らを「罪悪生死《ざいあくしょうじ》の凡夫《ぼんぶ》」と述べています。苦しめ傷つけ合いながら迷いを離れられない者として我が身を見たのです。修行を重ねれば苦しみや迷いを離れることができるとは見ていませんでした。ここに仏教全体をどう受けとめるのかという根本問題があります。もし修行が迷いを超える条件だとすれば、修行できない状況にある者は仏教の枠から外れることになります。しかし、だれの上にも平等にはたらく法則を説いたのが釈尊ではなかったか……。ここに善導の問いがありました。これが「深信《じんしん》」の第二につながります。

深信の第二は、どんな状況を生きている者も見捨てることのない阿弥陀仏の本願の教えを本当に知ることとです。換言すれば、人間の素質や才能、性別や経歴などについて、わけへだてしない世界との出会いです。だれの上にも平等にはたらく法則、それが阿弥陀と名づけられていたことに善導はうなずいたのです。これは、たくさんの教えを遺した釈尊の根本精神にうなずくことでもありました。

第一と第二の深信は密接に結びついています。なぜなら、自らの修行に自信をもって、修行を重ねている間は、だれもが平等に迷いを超えられる道などは自分と無関係に思えるに違いありません。しかし、自分自身が修行を重ねても迷いを離れられないとはっきりと知らされたとき、修行できるかできないかを問わずに平等に迷いを超える道があったことに、初めて気づくのです。

法然上人は四十三歳まで修学に励みました。比叡山を下りる決心は、善導大師の言葉に出会ったことによります。親鸞もまた二十九歳までの二十年間を修行に打ち込みますが、行きづまり、迷いを超える道を求めて山を下りた後に、法然上人を通して阿弥陀仏の本願の教えに帰依します。どの先達も簡単に阿弥陀仏の教えに出会ったのではありません。我が身はどのような者であるか、それを知らされる中で、改めて出会うことができたのです。

蓮如は「二種深信」とか「機法二種の深信」という言葉は用いてはいませんが、その意図は受け継いでいます。「かかるあさましきわれらごときの凡夫《ぼんぶ》の身」は我が身についての信知、すなわち第一の深信です。そして「たやすく浄土へまいるべき用意」、これが阿弥陀についての信知、すなわち第二の深信です。

大切なのは、第一の深信も第二の深信も教えられて知らされるものです。自分で思い込むという話ではありません。思い込んで信じようとしても、そこには必ず、本当にこれでいいのかという疑念が頭をもたげてきます。教えられてはっきりとうなずくこと、それを蓮如は「他力の信心」と言っているのです。

⑯ 人間は穴だらけのカゴである

「そのかごを水につけよ」と。わが身をば法《ほう》にひたておくべきよし、仰《おお》せられ候う。

【現代語訳】 「そのカゴ（籠）を水につけなさい」と蓮如上人は言われて、我が身を仏法にひたしておくべきことを教えてくださいました。

（『蓮如上人御一代記聞書』八九）

ある人が蓮如に言いました。「私の心は、ちょうどカゴの中に水を入れたようなものので、仏法を聞いている場所では、有難いとも、尊いことだとも思うのですが、すぐに元の心にもどってしまうのです」と。

このような言葉は現在でも耳にすることがあります。質問した人は、どうすれば聞いたことを忘れないようにできるか、いつまでも有難いという気持ちを保持できるかという方法を尋ねたかったのでしょう。カゴのたとえになぞらえて言えば、どうしたら穴だらけのカゴではなく、水も漏らさない立派な器になれるかという質問です。

蓮如の答えは質問者の要求に応じたものとは言えません。穴のあいたカゴに水をいれて帰ろうとするから水は漏れてしまうのだから、「そのかごを水につけよ」というひと言でした。大事なのは、自分が穴だらけのカゴであることを自覚することなのです。穴だらけであることを本当に知っていれば、そのカゴで水を持ち帰ろうとはしないでしょう。穴だらけの自分とどう向き合うかということに問題はおのずと移ります。

「かごを水につけよ」とは、仏法の水を持って帰れる者になれないからこそ、仏法の水に我が身をひたしなさいというすすめです。どんなに穴だらけのカゴでも、水につければ、カゴの中は水で一杯に満たされます。

質問した人は、せっかく仏法を聞いたのだから忘れない自分になりたいという思いがあったに違いありません。人間的には、生真面目な態度といってもよいでしょう。しかし、見方を変えるならば、聞いたことを忘れない立派な自分でありたいという傲慢な心が顔をのぞかせています。蓮如はそれを叱りつけることなく、生活の全体を仏法にひたすことをすすめています。

聞いたことをすぐに忘れるのは、単に忘れやすいという個人的な問題ではありません。世間の価値観が考え方の基本となってしみついているからです。そのため、仏法を聞いている場所では尊いと感じても、実際の生活にもどると、聞いたことが吹き飛んでしまうのです。たとえば、なんにつけても損得の勘定が基本になっている人は、損得で計れない世界を教えようとしている仏法を聞いたとしても、今日はよい話が聞けて得をしたとか、今日の話はもう一つだった、わざわざ来て損をしたとか、損得で計ってしまうのです。その意味では、世間の考え方や価値観が手ごわいということができます。ただ、世間の価値観は一人ひとりが寄り集まって作り出していることを思えば、結局は一人ひとりの生き方が問題なのです。

蓮如は、人間は穴だらけのカゴであることをよく知っていました。『御文』の中でも「あさましき我等《われら》」という言葉が繰り返し語られています。少しぐらい修行をしても、仏教の言葉を聞き憶えても、また年齢を重ねたからといって、完璧にはなれないのが人間なのです。にもかかわらず、他者と比べては自分のほうが少しはましだと威張るのです。大切なのは、お互いに完璧ではありえない、抜けていることがあるという事実に気づくことなのです。そうすれば自分のものの見方を振り回すことから解放されます。

現代は、穴のない完璧な人間が理想のようにいわれます。しかし、そうなれずに苦しんでいる人が多いのも事実です。場合によっては、理想に近づけない自分を駄目な人間と決めつけて、心が折れてしまうこともあります。穴だらけのカゴに価値がないのではありません。カゴには他の何物にも代われない価値があります。問題はカゴであることを知らずに、水を汲もうとしたり、カゴでない別物になろうとすることです。カゴにはカゴの道がある。それを蓮如は教えてくれています。

⑰「一宗の繁昌」ということ

一宗《いっしゅう》の繁昌《はんじょう》と申すは、人の多くあつまり、威《い》の大なる事にてはなく候う。一人なりとも、人の、信を取るが、一宗の繁昌《はんじょう》に候う。

（『蓮如上人御一代記聞書』一二二）

【現代語訳】 一宗が繁栄するというのは、人が多く集まって、威勢が大きいことではありません。ただ一人であっても、人が信心を獲得することが一宗の繁栄なのです。

繁昌は繁盛とも書かれるように、物事が栄えて、盛んである様を指します。現在もよく使われるのは、商売繁盛という言葉でしょう。その意味からすれば、一宗が繁昌するとは、たくさんの人でお寺が賑わっていることだとだれもが考えるのではないでしょうか。

ところが蓮如は、その考えを頭から否定します。実際、蓮如が本願寺の第八代を継承するまで、本願寺はお参りの人も少なく、さびさびとしていたと伝えられています。それが、蓮如の代になって、本尊である名号を書き与え、それを中心に聞法《もんぼう》の場所が形成され、そこに御文《おふみ》を書き送るというような努力によって、全国に浄土真宗の教えを聞く人がどんどん増えていきました。他の宗派から蓮如に帰参する人も次々に現れ、他宗にとって蓮如の本願寺教団は一つの脅威と感じられたに違いありません。

この意味では、蓮如ほど教団を大きくした人はいませんし、その組織力に学ぼうと考える人が現在でもいるほどです。しかし、当の蓮如の願いは、教団を大きくすることではなかったのです。蓮如の願いはどこまでも「ただ一人であっても、人が信心《しんじん》を獲得すること」にありました。

あるとき、仏法に志をかけている人がたくさん蓮如のもとに集まったことがありました。その人々を前に蓮如は、「この中で信心を得たものは何人あるだろうか」と言い、「一人いるか、二人いるか」と語ったそうです。その場に居合わせた人は驚かずにはいられませんでした。自分はすでに信心を得たつもりの人もいたからです。また、信心を得ることがそれほど難しいのかと思った人もいたでしょう。一人か二人と言い切る蓮如のあまりの厳しさに驚いた人もいたに違いありません。教えを聞いて教えに生きるとは、これほど難しいことなのです。

かつて、釈尊の教えにしたがって修行を積み重ねていた弟子の中にも、釈尊の教えを本当に受けとめられない人もいました。今、一人だけ例を挙げれば、提婆達多《だいばだった》という人がそうです。釈尊の従弟であり、弟子となって長らく教えを聞いていました。やがて釈尊が歳をとったときに、提婆達多は釈尊の跡を継ぐことを申し出ますが、釈尊は認めてくれません。それを逆恨みして、釈尊を亡き者にする計画を立てます。結局は、自分の思いどおりになることを優先し、釈尊さえも邪魔者扱いしたのです。これでは教えを聞いたとはいえません。

提婆達多の姿は、仏教に生きるということがいかに難しいかを物語っています。釈尊に出会い、直接に話を聞いても難しいのです。しかし、仏教が本当に伝わるためには、難しいからといって諦めるわけにはいきません。仏教に生きる人が誕生してこそ、仏教は次の世代に伝わっていくのです。

蓮如は次のようにも述べています。

まことに、一人なりとも信《しん》をとるべきならば、身を捨てよ。それは、すたらぬ。

一人だけであっても、信心を獲得する人が生まれるためであれば、身を捨てよ、とまで言うのです。そのために身を捨てたとしても、捨てたことは決してすたらないと言うのです。

信心の人が生まれることが一宗の繁昌だと蓮如は言い切ります。そして蓮如自身、最晩年まで人々と仏法を語り合うためには苦労をおしみませんでした。文字どおり、身を捨てて生きたのです。

《キーワード② 弥陀の本願》

弥陀《みだ》の本願《ほんがん》は、詳しくは「阿弥陀仏の本願」といいます。蓮如は、阿弥陀仏の本願を信ずるところに、苦悩から解放されて、満足して生きる道がだれの上にも開けることを呼びかけました。

阿弥陀仏はもとは法蔵《ほうぞう》という名の菩薩《ぼさつ》であったと『無量寿経《むりょうじゅきょう》』に説かれています。自らが仏になることを求めるとともに、他者も迷いから救い出すという「自利利他《じりりた》」の願いに立って道を求めるのが菩薩です。法蔵菩薩は、すべての人が安心と満足を得て生きることができる世界を求めたのです。阿弥陀仏がかつて菩薩であったときの願い、それを本願といいます。

この法蔵菩薩が求め明らかにした世界は、安《あん》楽国《らくこく》とも安養国《あんにょうこく》とも呼ばれます。よく知られた言葉では、極楽とか浄土ともいわれます。それがどんな世界であるか、その内容を語るのが四十八願《しじゅうはちがん》です。

浄土とはどんな世界か、どのようにすれば浄土に生まれられるのか、浄土に生まれたらどんな利益が与えられるのか、四十八願はそれを丁寧に説いています。

しかし、四十八願といっても、たくさんのことを願っているわけではありません。一人ももらさずに救いたいという願いが根本なのです。それ故、阿弥陀仏は「摂取不捨《せっしゅふしゃ》」（受けとめて捨てない）という言葉でも表現されます。弥陀の本願には摂取不捨の心が貫かれています。

Ⅲ——「念仏もうす」人生

⑱「念仏もうさるべし」

道徳《どうとく》はいくつになるぞ。道徳、念仏もうさるべし。

【現代語訳】 道徳よ、今年でいくつになるか。道徳よ、念仏をとなえなさい。

（『蓮如上人御一代記聞書《れんにょしょうにんごいちだいききがき》』一）

『蓮如上人御一代記聞書』は全体で三一六カ条からなる蓮如の言行録ですが、その第一条に出てくる言葉です。

道徳は、京都は山科の勧修寺村《かじゅうじむら》に住んでいて、日ごろから蓮如の教えを聞いていた人でした。年齢ははっきりとはわかりませんが、蓮如よりも五、六歳若かったと思われます。この第一条が「勧修寺の道徳、明応二年正月一日に御前へまいりたるに」という言葉から始まっていますから、明応二年なら、蓮如は七十九歳で、道徳は七十歳あまりということになります。また、正月一日に蓮如のもとにやって来たのは、推測すれば、年始の挨拶のためと思われます。

新年を迎えるということは、今年も年齢を重ねることができたということで、お互いに「おめでとう」とことほぐ習慣ができたのです。ここで蓮如が道徳に対して「いくつになるぞ」と尋ねているのは、当時の例から考えても当然のことです。しかし、道徳が応答するよりも早く、蓮如は言葉をついで「道徳、念仏もうさるべし」と語っています。ここには、新年の挨拶に際して、念仏が一番大切であることを確かめようとする蓮如の姿がうかがえます。

場面は違いますが、『聞書』の第一六条には、十二月に入って「歳末の礼」のために多くの人がやってくるのを見た蓮如が、「無益《むやく》の歳末の礼かな。歳末の礼には、信心《しんじん》をとりて礼にせよ」と述べたことが伝えられています。年始の挨拶と並んで、歳末の御礼は、世間の儀礼としては今でも欠かせないものですが、蓮如は、わざわざ来るには及ばないことを「無益《むやく》の歳末の礼かな」と述べています。そして、どうしても歳末の礼をしたいというのであれば、「信心をとりて礼にせよ」と言うのです。世間の儀礼よりも優先すべきものがあること、そして最も大切なのは阿弥陀仏を信じて生きること、これを日常の会話の中でも明確に語る蓮如がよく表れています。

道徳に対する言葉にも同じ姿勢が感じられます。気になるのは、道徳が念仏をしていなかったから、蓮如は「念仏もうさるべし」と言ったのでしょうか。その可能性がないとは言えませんが、これに続く言葉を見るとき、念仏の中身が吟味されていることが注意をひきます。今、詳しくは立ち入りませんが、念仏について「自力《じりき》」と「他力《たりき》」があることを述べ、他力の一念が臨終まで徹底することによって往生していくことが確かめられています。自力とはひと言でいえば、自分がとなえたことを功徳として当てにする念仏です。対して、他力とは「南無阿弥陀仏《なむあみだぶつ》」にそのようなはからいを加えない念仏です。この二つの違いを明確にして念仏することの大切さが語られています。

この文章の流れを見るならば、道徳は念仏をしていなかったわけではないでしょう。これまでも念仏してきたからこそ、自力と他力の問題も含めて蓮如は語っているのです。念仏する中に潜む問題、これを踏まえていよいよ念仏もうしていくこと、それが「道徳、念仏もうさるべし」に込められていると思います。

七十五歳のときに息子の実如《じつにょ》に跡を譲って隠居したとはいえ、蓮如は寿命を終える直前まで、人々と語らい、念仏の教えを伝えることに精力をそそぎました。世の中に不穏な空気が流れる中でも、乱世の様相を呈するなかでも、だからこそ念仏が大事であることを掲げ続けました。とくに、七十九歳を迎えた蓮如が、やはり七十歳を超えた道徳に向き合っている情景を思うとき、蓮如は決して道徳だけに念仏せよと告げているわけではないと思われます。いくつになっても念仏が要《かなめ》であることを、新しい年を迎える中で確かめているのです。その意味でこの言葉は、蓮如自身がいよいよ「念仏もうしていこう」と語っているように響いてきます。

⑲ 信心を保持していくことを忘れるな

今度《こんど》一七《いちしち》か日報恩講《にちほうおんこう》のあいだにおいて、多屋内方《たやないほう》もそのほかの人も、大略信心《たいりやくしんじん》を決定《けつじょう》し給《たま》えるよしきこえたり。（略）さりながら、そのままうちすて候《そうら》えば、信心もうせ候うべし。細々《さいさい》に信心のみぞをさらえて、弥陀《みだ》の法水《ほうすい》をながせといえる事ありげに候う。

【現代語訳】 このたびの七日間の報恩講の間に、多屋《たや》の女性もその他の人々も、ほぼ信心を決めたと聞いています。（略）しかしながら、そのまま放っておいたならば、せっかく得た信心も失われてしまいます。たびたび信心の溝《みぞ》を掃除して、弥陀の法の水を流しなさいと言われていますが、そのとおりであります。

（『御文《おふみ》』二―一）

これまでも述べてきたように、蓮如は人々に阿弥陀仏を信じて生きることをすすめ、信心を得ることを繰り返し語りました。この御文は「文明第五、十二月八日」の日付をもっており、蓮如五十九歳のときのものです。

当時は越前国（現在の福井県）吉崎《よしざき》に小さな坊舎《ぼうしゃ》を建てて、すでに三年目という時期にあたります。吉崎は背後が山で両側を川に囲まれている高台で、要害の地でした。そこには蓮如を慕う人たちが多く集まり、宿泊しながら聴聞できるような施設もできていました。その建物が多く屋根を連ねていたので「多屋《たや》」と呼ばれるようになったようです。

ここ吉崎でも蓮如は毎年欠かさず報恩講を勤めていました。「一七《いちしち》か日《にち》」といわれるとおり、十一月二十一日から二十八日まで、七昼夜にわたってのお勤めと法座《ほうざ》（聞法の場）でした。その年の報恩講でたくさんの方々が信心を得たことを蓮如は心から喜んでいます。

特に「多屋《たや》内方《ないほう》」と呼びかけられているのは、多屋において、法座の準備をしたり、宿泊の世話をしたりする女性を指しています。現在でいうとお寺の坊守《ぼうもり》さんにあたります。坊守さんは、いつでも仏法を聴聞できる環境にあるようですが、準備や人の対応に追われることが多く、かえってじっくりと聞けないのです。その人々が今回の報恩講で信心を得て、生き方を明確にできたことを蓮如は喜んでいるのです。

ところが、せっかく信心を得ても、それを放ったらかしにしておくならば、信心は失われていくことを蓮如は教えています。

これは、報恩講を勤め終わって、たくさんの参拝者が帰った後の十二月八日のことですから、多屋内方はホッと一息ついたころではないでしょうか。そこに向けて書かれていることを思うと、蓮如が少し意地悪にも思えます。しかし、信心を得ることも大事だが、それを保持していくことの大事さを蓮如は言わずにはいられなかったのだと思います。

本願《ほんがん》の教えを聞いて生きていこうということが決まるのは、自分自身が見えることと同時です。教えを離れたら欲望に飲み込まれていく危うい自分だということが明確になるからです。ところが、そんな自分に気づいた体験に腰をおろしてしまうことが起きるのです。気づいていない人よりは自分のほうがましだとか、自分はもう仏法を理解できたとか、一つの答えを握ることになります。すると、もう聞く必要を感じなくなったり、場合によっては自分が立派な者になったかのように思い込むのです。「信心のみぞをさらえて、弥陀《みだ》の法水《ほうすい》をながせ」とは、さまざまな思い込みが堆積して詰まった溝を掃除して、弥陀の法の水が流れるようにせよとの呼びかけです。しかし、自分一人で溝をさらうことはできるでしょうか。自分では溝が詰まっていることにも気づかないのが、人間の思い込みの深さです。それを知らしめてくれるのは、他者との出会いです。

同じ話を聞いても、異なった受けとめがあります。意見の異なりを通して、自分の受けとめを見つめなおすことも起こります。これは蓮如が「寄合《よりあい》、談合《だんごう》」としてすすめることです。その内容については後述しますが、他者との関係の中で法をいただいていくことが、「弥陀の法水をながせ」という言葉から感じられます。

⑳ 生活の中で常に信心を確かめよ

蓮如上人、仰《おお》せられ候う。「本尊《ほんぞん》は掛《か》けやぶれ、聖教《しょうぎょう》はよみやぶれ」と、対句《ついく》に仰《おお》せられ候う。

【現代語訳】 蓮如上人は、「本尊は掛け破りなさい、聖教（仏教の教えの書物）は読み破りなさい」と対句でおっしゃいました。

（『蓮如上人御一代記聞書』六九）

本尊というと、ほとんどの人はお寺に安置されている仏像を思い浮かべるに違いありません。実際、多くのお寺の本堂には仏像が本尊としてまつられています。ただ、蓮如は本尊をお寺にとどめるのではなく、一般の信者の家にも掛けることができるようにしました。それが、「南無阿弥陀仏」の六字を書いて与えた「名号本尊《みょうごうほんぞん》」です。「自分ほど名号を書いた者はいない」と自身で語るほど、蓮如は求めに応じて名号を書き与えました。それによって、名号さえ掛ければ、どんな家でも仏法の道場になったのです。

この意味で、「本尊は掛けやぶれ」とは、譬喩ではありません。実際にいろいろな所に掛けられ、破れるほど拝まれたのです。ひとたび名号を掛ければそこが仏法を聴聞する場となったのです。また、争いに巻き込まれて土地を捨てて他所に移ることになっても、名号さえ持参すれば、行った先に道場が出現することになりました。戦いの時代の中を生きた蓮如なればこその言葉です。

蓮如を慕う人の中には、せっかく蓮如から頂戴した名号だからと、箱に入れて大事にしまっておく人もあったようです。この言葉は、日常生活の中で、本尊を掛けて南無阿弥陀仏に出会うことをすすめているものです。もし、掛けたり外したりを繰り返して、本尊が破れてしまっても、蓮如は大切にしなかったと叱るどころか、よく掛けたと、破れるまでお参りしたことをほめたに違いありません。そして、破れた名号の代わりに、また筆をとって、新たな本尊を書き与えたと思われます。

これと対句になっているのが、「聖教《しょうぎょう》はよみやぶれ」です。本尊は掛け破れという言葉が譬喩でないのと同様に、蓮如は仏教の教えが書かれている聖教を読み破れとすすめます。蓮如が本願寺の第八代を継承したのは四十三歳のときです。いわゆる部屋住み時代が長かったといえます。その間に蓮如が読み、書写した書物は膨大な数にのぼっています。蓮如自身が文字どおり、聖教を読み破ってきた人なのです。同じ『蓮如上人御一代記聞書』には、「ただ聖教《しょうぎょう》をば、くれ、くれ」という言葉も伝えられていますが、聖教を繰り返し読んでいた蓮如の姿が思われます。

蓮如にとって聖教を読むことは、決して物知りになるためではありませんでした。「聖教《しょうぎょう》をよくおぼえたりとも、他力《たりき》の安心《あんじん》をしかと決定《けつじょう》なくは、いたずらごとなり」とも語っているように、聖教を読むことを通して信心が決まることが要だったのです。信心を離れるならば、結局は知識の量を誇ることにしかなりません。ともどもに迷いを超えて行く道を明らかにし、教えによって自分の生き方をはっきりさせることを蓮如はすすめたのです。

日常の生活は、世間の価値観におおわれています。どうしても、ものの見方は優劣、善悪、有用無用といった価値観に引っ張られてしまいます。だからこそ、日常の中で聖教の言葉をとおして、世間の価値観を超えた世界にふれることが大事なのです。蓮如はそれを「毎日の聖教」と呼び、いつでも親鸞の言葉を聞くことができる形にしました。それが、親鸞が作った「正信偈《しょうしんげ》」（漢文の歌）と「和讃《わさん》」（和文の歌）を声に出して読み上げる毎日の勤行です。それを人々にすすめるために、蓮如は「正信偈」と「和讃」を木版刷で出版しました。まさに読み破る聖教を用意してくれたわけです。

蓮如が定めた勤行の形は、現在まで相続されています。形が保たれていることを喜ぶ蓮如を思い浮かべることもできます。ただ、それ以上に、聖教をしっかり読んでいるかと蓮如に叱りつけられそうな気がします。

㉑ 名号がもつ言葉の力

他流《たりゅう》には、「名号《みょうごう》よりは絵像《えぞう》、絵像《えぞう》よりは木像《もくぞう》」と、云《い》うなり。
当流《とうりゅう》には、「木像《もくぞう》よりはえぞう、絵像《えぞう》よりは名号」と、いうなり。

（『蓮如上人御一代記聞書』七〇）

【現代語訳】 他の流派では「名号よりは絵像、さらに絵像より木像」と言われます。しかしながら、親鸞聖人の教えの流れにおいては、「木像よりも絵像、絵像よりも名号」と言うのです。

蓮如は自らが筆をとって書いた「南無阿弥陀仏」の名号《みょうごう》を本尊として、教えを聞く仲間である同行《どうぎょう》に与えました。今日に至るまで、蓮如の筆になる名号は、日本各地に数多く現存しています。名号を掛ければ、いつでもどこでも聞法《もんぽう》の道場が出現します。蓮如は名号を掛けて、名号を中心に生きることをすすめたのです。しかし、名号を仰いで生きることはそんなに簡単なことではありません。

仏というと、最初に思い浮かべるのは、やはり仏像ではないでしょうか。釈尊の像に限らず、さまざまな仏像を通して、仏をイメージしているのです。釈尊から遠く隔たった時代を生きる私たちにとっては、やむを得ないことかもしれません。ところが、釈尊が入滅してから五百年ほどの間は、仏像が造られることはありませんでした。釈尊がさとりをひらいたときの菩提樹《ぼだいじゅ》や、台座や、さとりを象徴する法輪《ほうりん》などを人々は仰いでいました。人の形をとった像にしてしまうと、釈尊も一人の人間としてみなされてしまうことを危惧したからだと思われます。仏を仰ぐ心がそうさせたのです。

その後、仏像が造られるようになったときにも、仏が人間を超えたはたらきを有していることを表すために、人間にはない相が形として示されます。そのため、徳の大きさを像の大きさで示したり、苦しむ者を見捨てない慈悲が何本もの手で表されたりと、多様な姿で表現したのです。ところが、仏像を拝む人間の側にはいろいろな思いがあり、どの仏像が利益があるかとか、大きな仏像のほうが功徳が大きいのではとか、仏像にとらわれることが起きてきます。冒頭の蓮如の言葉は、そのような現実を見据えてのものです。仏の名前を書いた名号よりは、絵像のほうが重宝がられたのです。さらに絵像よりは木像のほうが価値があるように思われていたのです。

そのような現実に対して、蓮如ははっきりと言い切ります。親鸞聖人の教えにおいては、木像よりは絵像、絵像よりは名号が大切なのだと。これはどういうことでしょうか。親鸞の曾孫にあたる覚如《かくにょ》は『改邪鈔《がいじゃしょう》』という書物に次のように記しています。

『仏説観無量寿経《ぶっせつかんむりょうじゅきょう》』に説かれる丈《じょう》六八尺の仏像は、浄土教の中で大切にされてきたものですが、親鸞聖人はそれを必ずしも用いることはなさいませんでした。天親論主《てんじんろんじゅ》の『浄土論』にある「帰命尽十方無碍光如来《きみょうじんじっぽうむげこうにょらい》」の十字名号《みょうごう》を本尊としてあがめられました。

「帰命尽十方無碍光如来」は、親鸞が仰いだ七高僧の一人である天親の著した『浄土論』にある言葉で、天親が自ら尽十方無碍光如来に帰依することを表明したものです。この十字名号に触れる者にとっては、「尽十方無碍光如来に帰命せよ」という呼びかけの言葉になります。呼びかけを聞いて、生活の中心にしていくこと、ここに名号が本尊とされる意味があります。

実際面から言えば、蓮如が名号を書き与えることによって、人々は仏像にこだわることから解放されました。貧富の差を問わずにだれもが仏の教えに会える道を開いたのです。しかし、なによりも大切なのは、名号という言葉がもつ力、言葉をとおして呼びかけてくるはたらきがあるから名号を本尊とせよとすすめていることです。いわば、言葉のはたらきに教えの要を見ていたといってよいでしょう。

その意味で、絵像よりは名号といわれる場合の名号とは、掛け軸になった名号ということではありません。たとえ形としての掛ける名号がない場合でも、「南無阿弥陀仏」という言葉が呼びかけてくるのです。その呼びかけにこそ、名号の本義があるのです。

㉒「たすけてください」と思ってはならない

たとい名号《みょうごう》をとなうるとも、仏たすけたまえとはおもうべからず。

【現代語訳】 たとえ名号をとなえても、仏に対して「たすけてください」と思ってはなりません。

（『帖外御文《じょうがいおふみ》』一）

一四五七年（康正三）六月に父の存如《ぞんにょ》が亡くなると、まもなく蓮如は本願寺第八代の留守職に就きます。蓮如四十三歳のときのことでした。それまでも蓮如は、数多くの仏教の教えの書物を書き写し、また父存如に代わって書写したものを門徒に与えるなどの活動をしていました。それに加えて、自分自身の言葉で語り出します。それが、現在二五〇通あまりを数える御文です。

右の言葉は現存する中で、寛正二年という最も早い年紀をもつもので、「筆始めの御文」と呼ばれています。蓮如が四十七歳のときに書いたものです。

寛正二年は前年から「寛正の大飢饉」といわれる飢饉が起こっています。京の都には生き延びる方途を求めてたくさんの人々が押し寄せ、八万人を超える餓死者で、加茂川《かもがわ》の流れがせき止められたといいます。想像もつかないような大飢饉です。

この御文は、近江の金森《かねがもり》（現、滋賀県守山市金森町）の道西《どうさい》の求めに応えたものと思われます。道西がなにを尋ねたか、なにを蓮如に求めたのか、それはわかりません。しかしながら、国中をおおう飢饉で多くの人が命を終えていくなかで、仏教はなにをしてくれるのか、念仏の救いとはなにかを問わずにはいられなかったのではないでしょうか。

この御文で蓮如は、飢饉のことについて直接ふれていません。それどころか、「たとい名号《みょうごう》をとなうるとも、仏たすけたまえとはおもうべからず」と述べています。これはどういうことでしょうか。仏教が苦しみからの解放を語るものである限り、苦しんでいる状態からの救いを仏教に求めるのは当然のことといえます。しかし蓮如は、仏に対して「たすけてください」と思ってはならないと言うのです。

人間が考える救いは、ほとんどの場合、自分の思いを中心にしています。思いどおりになることが好きで、思いどおりにならないことは嫌いです。都合のいい出来事はうれしく、都合の悪いことに遭遇すれば困ります。

この考えからすると、思いをかなえてくれる仏《ぶつ》はありがたく、そうでない仏はありがたくなくなります。仏をも自分の思いで価値づけしていくのです。蓮如はこのような、なんでも自分の思いで価値づけしていく生き方こそが問題であるとしています。

人間の力では天変地異を止めることはできません。また、自分の身ひとつも自分の思いを超えています。こんなはずではなかったという目に遭い続けるのが実際ではないでしょうか。それを邪魔者と考え、だれかに取り除いてもらうようお願いするのではないのです。

右に取り上げた言葉は、次のように続きます。

ただ弥陀《みだ》をたのむこころの一念の信心によりて、やすく御《おん》たすけあることのかたじけなさのあまり、弥陀如来の大悲《だいひ》御たすけありたる御恩《ごおん》を報《ほう》じたてまつる念仏なりとこころうべきなり。

(ひたすら弥陀をよりどころとして生きる一念の信心によって、弥陀にたすけられるのです。それがかたじけなく思われるが故の念仏であり、弥陀如来の大悲にたすけられた御恩に報いる念仏であると心得るべきです。)

いろいろなことが次々に起こってくるなかを、価値づけを離れて生ききっていくところに念仏の意義があるのです。それが阿弥陀によってたすけられることの内容だと語られているのです。まさに驚くべき言葉といわねばなりません。

㉓ 念仏はお願いのためにとなえるのではない

聖人《しょうにん》の御流《ごりゅう》には、弥陀《みだ》をたのむが念仏なり。そのうえの称名《しょうみょう》は、なにともあれ、仏恩《ぶっとん》になるものなり。

【現代語訳】 親鸞聖人の教えにおいては、「弥陀《みだ》（阿弥陀仏）をたのむ」のが念仏であります。弥陀をたのむことが決まれば「南無阿弥陀仏《なむあみだぶつ》」ととなえることは、どのようものであれ、仏の恩徳となるのです。

（『蓮如上人御一代記聞書』一八〇）

仏《ぶつ》を念ずるといえば、なにかお願いごとをしたり、なんらかの期待をもっての行為だと考える人がほとんどではないでしょうか。念仏など信じないという人であっても、自分は仏にお願いするような弱い人間ではないと思っているとすれば、それは念仏という行為をお願いの行為であるととらえているからにほかなりません。

蓮如は、念仏を「弥陀《みだ》をたのむ」ことだと言い切ります。注意しなければならないのは、「弥陀をたのむ」であって、「弥陀にたのむ」ではありません。「弥陀にたのむ」なら、阿弥陀仏になにかを頼むという意味になるでしょう。

「頼む」とは、もともとお金に関わる字です。これだけあれば足りるだろうと当てにする心、頼みにする心が根っこにあります。だから当てが外れたときには、こんなはずではなかったということになります。他人になにかを頼んだ場合でも、自分の期待どおりにならなかった場合は、頼むんじゃなかったとか、裏切られたということにもなります。要するに、自分の期待に沿った結果を待ち望んでいるだけなのです。

これに対して、「弥陀をたのむ」という場合の「たのむ」は、漢字で表すならば、「憑《たの》む」となります。「馬」に身をまかせることを表す字で、「よりどころとする」という意味です。よい結果がまっているならばまかせようというのは、本当にまかせることにはなりません。そうではなく、自分の都合の善し悪しを離れるのです。それが阿弥陀仏をよりどころとするところに実現する生き方です。

右の言葉の直前には、「他宗には、親のため、また、なんのため、なんどとて、念仏をつかうなり」と語られています。親のため、あるいはなにかのためと、念仏がつかわれている状況を蓮如は見ていたのでしょう。念仏をつかうというのは、やはり自分の思いが前提になっています。たとえ亡き親のために念仏するといっても、そこには念仏の効果が期待されています。

また、自分の念仏がそのためになるはずだという期待もあるはずです。すべてに期待するなと言っているわけではありません。ただ、期待どおりにならないところにも道は開かれるのです。もう終わりだと行きづまっても、それは思いが行きづまっているのであって、決して人生が終わってしまったわけではありません。

蓮如は、厳しい時代にあって、何度も行きづまるような出来事に遭遇したに違いありません。比叡山による大谷本願寺の破却、加賀の守護・富樫《とがし》氏との戦いによる吉崎《よしざき》退去などは、まさしく命の危険にさらされた出来事でした。それでも、何度も何度も現実に立ち向かっていきました。その力は、自分の思いに根拠を置くのではなく、どんな者も見捨てない阿弥陀仏をよりどころとすることによってたまわったものでした。それ故に蓮如は、念仏を申すことは、仏の恩徳をたまわったことに対する感謝であることを強調します。

信《しん》のうえは、とうとく思いて申す念仏も、また、ふと申す念仏も、仏恩に備わるなり。

ひとたび阿弥陀仏をよりどころとする生き方が始まるならば、尊い、ありがたいと思って申す念仏であっても、ふと口をついて申す念仏であっても、仏の恩徳と離れてはいません。どんな状況においても生きる道を開いてくれる、阿弥陀仏の恩《めぐみ》の徳が念仏なのです。

㉔ 不思議ということ

悪凡夫《あくぼんぶ》の、弥陀《みだ》をたのむ一念《いちねん》にて、仏《ぶつ》になるこそ不思議よ。

【現代語訳】 なにが不思議といって、悪凡夫《あくぼんぶ》が弥陀（阿弥陀仏）をよりどころとする一念において、仏《ぶつ》になることほど不思議なことはありません。

（『蓮如上人御一代記聞書』七八）

蓮如の門弟に法敬坊順誓《ほうきょうぼうじゅんせい》という人がいました。蓮如より六歳若く、常に蓮如の近くにいて、『蓮如上人御一代記聞書』には、その名が最も多く登場します。しかも、蓮如も法敬坊のことがよほど気になると見えて、日常の会話を通して、仏法を伝えようという姿がうかがえます。右の言葉も、そんな二人のやり取りの中に記されているものです。

会話はこんな言葉から始まります。

ある時、法敬坊が蓮如上人に申し上げました。お書きくださった南無阿弥陀仏の御名号が火事のために焼けてしまったのですが、六体の仏様になられました。なんとも不思議なことであります。

おそらく蓮如が法敬坊に書き与えた六字の名号が焼けた際に、六体の仏になったのを法敬坊は目の当たりにしたのでしょう。そんな体験をすれば、だれでも法敬坊と同じことを言うに違いありません。しかしながら、蓮如はすかさず次のように返答します。

それは、不思議にてもなきなり。仏《ぶつ》の、仏《ぶつ》に御《お》なり候うは、不思議にてもなく候う。悪凡夫《あくぼんぶ》の、弥陀《みだ》をたのむ一念にて、仏《ぶつ》になるこそ不思議よ、と。
（それは不思議なことではありません。南無阿弥陀仏という仏が仏になられたのですから、なにも不思議なことではありません。仏になるはずもない悪凡夫が弥陀をよりどころとする一念において仏になることほど不思議なことはありません、と。）

長い仏教の歴史において、「凡夫」はさとりの道に立てない者を指す言葉でした。そのなかでもお互いに傷つけ合う悪を重ねる凡夫は、さとりから最も遠い存在でした。その悪凡夫が阿弥陀仏の本願のはたらきによってさとることができる仏道をあきらかにしたのが、親鸞でした。蓮如はその教えに立って、阿弥陀仏をよりどころとする一念において、悪凡夫が仏になることが決まると述べます。いわば、起こるはずのないことが起こる、これが本当の不思議である、と言うのです。

元来、不思議とは、人間が「思議できない」ことであり、人間の思いを超えているという意味です。考えてみれば、条件が整ってこの世に誕生してくること自体が不思議ですし、水や空気、他の生き物の生命をもらいながら生きていることが成り立つのも不思議なことです。いわば自然界が不思議であり、生命そのものが不思議なのです。

にもかかわらず、私たちは自分の思いに合わないことが起こったときに不思議がります。なんで私が病気になったのか、どうして死ななければならないのか、と。それは縁が整ったからであり、実は不思議ではなく必然なのです。さまざまに起こってくる必然のなかを、いきいきと生き、だれとも代わることのできない人生を生きること、それがなによりも大事なのです。それを蓮如は、「悪凡夫《あくぼんぶ》が弥陀をよりどころとする一念において、仏になることほど不思議なことはありません」と言うのです。

親鸞が和讃で歌っています。

いつつの不思議をとくなかに　仏法《ぶっぽう》不思議にしくぞなき
仏法不思議ということは　弥陀《みだ》の弘誓《ぐぜい》になづけたり
（『高僧和讃《こうそうわさん》』曇鸞章《どんらんしょう》）

訳すと、「世の中の不思議をまとめると五つになるが、仏法不思議におよぶものはありません。その仏法不思議ということは、一人ももらさずに救おうという阿弥陀仏の弘《ひろ》い誓いということです」となります。蓮如が不思議について語るとき、きっとこの親鸞の和讃が胸に響いていたに違いありません。

㉕ 法話を聞いた後は談合せよ

四五人《しごにん》の衆《しゅう》、寄り合い談合《だんごう》せよ。必ず、五人は五人ながら、意巧《いぎょう》にきく物なり。能《よ》く能《よ》く談合《だんごう》すべき。

（『蓮如上人御一代記聞書』一二〇）

【現代語訳】 法話を聞いた後には、四・五人の者で寄り合って談合しなさい。五人いれば五人ともに、自分自身の意に合わせて聞くものです。よくよく語り合わねばなりません。

「事前に談合があった」などと聞かされると、いい意味にはとても受け取れませんが、もともと談合とは、よく相談すること、語り合うことを意味しています。そして、談合を繰り返しすすめたのが蓮如でした。

右の言葉は、法話をした蓮如が、法話を聞いた自分の息子たちに対し語ったものです。五人いれば五人ともに、それぞれが必ず意巧に聞くものだといわれています。「意巧《いぎょう》」とは、「こころ巧みに」ということですから、自分の意に合わせて聞くのです。言い換えれば、自分の意に沿わないことは、たとえ聞いても響きませんし、関心がないことは耳に入ってくることもないのです。

興味深いのは、自分の意に合わせて聞かないように努めよとは言っていないことです。人間は自分の意に合わせて聞くことをやめられないものです。必ず自分の意に合わせて聞いてしまうからこそ、他の人がどう聞いたか、法話の要はどこにあるかをお互いに確かめ合いなさいと蓮如はすすめているのです。それは、個人の聞き方を磨くのではなく、仲間の力に支えられて成り立つ聞法《もんぽう》のすすめです。このすすめは、「講《こう》」という形をとって、全国に広がっていくことになります。

右の言葉が、息子たちに語られたものであることを考えるとき、蓮如の父親としての一面が垣間見えるように思います。身内であっても食い違っていく、いや身内であればこそ、その食い違いは大きいのではないでしょうか。自分が亡き後、息子たちの行く末を心配する蓮如の気持ちが伝わってくるようです。ただし、蓮如は身内ばかりに語るわけではありません。同様の言葉は、『蓮如上人御一代記聞書』の別の条にも見えます。

一句一言《いっくいちごん》を聴聞《ちょうもん》するとも、ただ、得手《えて》に法《ほう》をきくなり。ただ、よく聞き、心中《しんじゅう》のとおり、同行《どうぎょう》にあい談合《だんごう》すべきことなり。

「得手に法をきく」の「得手」とは、「得手勝手」の意味ですから、自分勝手な聞き方をしてしまうことを問題にしています。長い話でなくても、たとえ一句、一言を聴聞しても、勝手に都合のいいように聞いてしまうことが多かったのでしょう。しかしここでも、「得手に聞かないようにせよ」と注意せず、得手に聞いてしまうからこそ、仲間と向き合って談合することが大事であると言っています。自分なりにしっかり聞き、自分が受け取ったとおりを共に教えを聞く同行に語る、そこで初めて間違いを正されることも起こりえます。自分一人で聞いたつもり、わかったつもりになることこそが危ういのです。仏法を聴聞しているつもりで、自分の思いを固めていくだけに終わるからです。

蓮如は別の条で、次のようにも語っています。

「物をいわぬ者は、おそろしき」と、仰《おお》せられ候う。「信不信《しんふしん》、ともに、ただ、物をいえ」と、仰せられ候う。「物を申せば、心底《しんてい》もきこえ、また、人にもなおさるるなり。ただ、物を申せ」と、仰せられ候う。

談合しない者、物を言わない者はおそろしいということです。おそらく、本人は口を開くのが恥ずかしいだけかもしれません。しかし、その根には他人から注意されたくないという思い、直されることを避けたい思いが渦巻いているのではないでしょうか。自分のつかんだものを放したくないのだと思います。

仏法を聞くことをすすめた蓮如は、仏法を聞くことの難しさもよく知っていました。仏法は、聞いただけではなかなか耳に入るものではないのです。だからこそ、寄り合って談合せよと繰り返し語ったのです。

㉖ 一人いて喜ぶということ

同行《どうぎょう》のまえにては、よろこぶなり。これ、名聞《みょうもん》なり。信《しん》のうえは、一人居《い》てよろこぶ法なり。

【現代語訳】 共に教えを聞く仲間の前では喜んでいるように見せる、これは世間の評価を求めているのです。真実の信心《しんじん》を得たならば、一人でいても喜びが湧き起こるものです。

(『蓮如上人御一代記聞書』一五四)

人前でいい格好をつけるというのは、男女も老少も関係がないように思われます。それほど人目は気になるものです。もしも人目を気にしなくなったら、それは周りにいる人を人として感じていないか、あるいは、自分が人間であることを捨てたときではないでしょうか。

仏法を聴聞しても、どうしても離れられないのが、他人からの評価を求め、よく言われることを望む心（名聞《みょうもん》の心）です。釈尊がさとりを開く前に、最後に襲ってきた誘惑（仏伝《ぶつでん》では魔《ま》といいます）は、「自讃毀他《じさんきた》」の心だったといわれています。だれもできないような修行をやり遂げたことに対して、自分をほめる「自讃」と、他人をおとしめる「毀他」の心です。それほど、他人からの評価は人間の心の奥底に付着しているものなのです。

人前に出たときは、自分がいかにも仏法を喜んでいるように振る舞う、これが実は他人からよく思われることを望んでいるからである、と蓮如は言います。日頃はそんなに突き詰めて考えていなかったことでも、他人から意見を求められたときに、つい構えて建前を語ったり、場合によっては拳を振り上げて弁舌をふるったりというようなものです。もし本人に尋ねれば、私はいつも仏法を聞いて喜んでいる、と答えるかもしれません。しかし、本当のところはどうなのでしょう。一人で家にいるときでも、いつでも同じというわけにはいかないのではないでしょうか。

仏法を喜ぶとは、他人に見せるためのものではないはずです。教えをとおして、自分の生き方を知らされ、自分の人生を尽くしていけるようになったことを、しみじみありがたいと思うものではないでしょうか。その意味で、一人でもいることができるのが仏法であるといえましょう。それは、あえて孤独を好むという話ではありません。一人でいても喜びを感ずることができるという意味です。

仏教思想家で大谷大学学長でもあった曽我量深《そがりょうじん》先生（一八七五―一九七一）に、次のような言葉があります。

一人おれば静かである、大勢おれば賑《にぎや》かである。こういうのは、その心が寂静《じゃくじょう》であるからである。大勢おれば、うるさい、やかましい。一人おれば淋しくて、がまんができない。それは、自分の心が濁っておるからである。

「一人でいれば静か、大勢でいれば賑やか」とはなんとも豊かな世界です。でもなかなかそうはいきません。実際には「大勢いればうるさい、一人でいたらさびしい」ということが多いのではないでしょうか。

蓮如は決して孤独を好んだわけではありません。蓮如は同行《どうぎょう》を訪ねてあちこちに足を運びましたし、周囲にはいつでも同行がいました。問題は一人か大勢かという人数ではありません。一人でいても喜んでいるという、仏法との出会いの中身なのです。

親鸞も次のように語っていたといわれます。「一人いて喜ばば二人と思うべし。二人いて喜ばば三人と思うべし。その一人は親鸞なり」と。日常の生活ではたくさん集まって喜ぶ場はあまりなく、一人いて喜ぶのが実際といえましょう。しかし、そのときは二人と思いなさい、と言います。そこに親鸞はいるぞ、と。なんとも言えない温かさを感ずる言葉です。

蓮如はここまでは語っていませんが、一人いて喜ぶことのできる教えについて語るとき、蓮如自身は身近に親鸞を感じていたように思われます。

《キーワード③名　号》

名号《みょうごう》は、もともとは仏《ぶつ》や菩薩《ぼさつ》の名前のことです。親鸞が特に重んじたのが阿弥陀仏の名号で、名号をとなえて念仏することを人々にすすめました。蓮如はその教えを継承しています。

名号には「南無阿弥陀仏《なむあみだぶつ》」の六字名号、「帰《き》命《みょう》尽十方無碍光如来《じんじっぽうむげこうにょらい》」の十字名号、また「南無《なむ》不可思議光仏《ふかしぎこうぶつ》」の八字名号などがあります。「南無阿弥陀仏」はインドの言葉の音を漢字に写したものですし、「帰命尽十方無碍光如来」は、意味を訳した言葉です。大切なのは、「南無《なむ》」あるいは「帰命《きみょう》」が付いていることで、阿弥陀仏に帰依し、阿弥陀仏をよりどころとして生きるという意味です。

名号をとなえるといっても、口で「阿弥陀仏」と連呼するのではありません。阿弥陀仏に南無する、という意味をもった言葉なのです。親鸞は、「南無阿弥陀仏」を自分に対する呼びかけとして受けとめました。「阿弥陀仏に南無せよ」と聞いたのです。

阿弥陀仏は「摂取不捨《せっしゅふしゃ》」という言葉でも表現されますが、どんな存在もわけへだてしません。命に優劣をつけないのです。その意味で、「阿弥陀仏に南無せよ」とは、優劣や損得の価値づけを超えた世界に生きることを人間に教えてくれる言葉なのです。親鸞はここに仏の具体的なはたらきを見ています。

名号をとなえることは、そのまま仏の呼びかけを聞くことなのです。

Ⅳ

世間との関わり

27 牛どろぼうと言われても

聖人《しょうにん》のいわく、「たとい牛ぬすびととはいわるとも、もしは後世《ごせ》者《しゃ》、もしは善人《ぜんにん》、もしは仏法者《ぶっぽうしゃ》とみゆるようにふるまうべからず」ところそおおせられたり。このむねをよくよくこころえて、念仏をば修行すべきものなり。

（『御文《おふみ》』二─二）

【現代語訳】　親鸞聖人は、「たとえ牛どろぼうと言われるとしても、決して、後世《ごせ》を知っている者や善人、あるいは仏法者と見えるように振る舞ってはなりません」とおっしゃいました。この旨をよくよく心得て、念仏を申す生活をしなければなりません。

この親鸞の言葉は、本願寺第三代であった覚如《かくにょ》の『改邪鈔《がいじゃしょう》』に伝えられるものです。たとえ人から牛どろぼう呼ばわりされるとしても、後世者《ごぜしゃ》ぶり、善人ぶり、仏法者ぶりをしてはならないという、なんとも強烈な言葉です。

「みゆるようにふるまうべからず」とは、本当はそうでないのに、そうであるかのように振る舞うな、ということでしょう。思い合わされるのは「不得外現《ふとくげげん》　賢善《けんぜん》　精進之相《しょうじんしそう》」という善導大師《ぜんどうだいし》の言葉です。善導《ぜんどう》（六一三―六八一）は法然が師と仰いだ中国の僧です。

親鸞はこの言葉を、「あらわに、かしこきすがた、善人のかたちを、あらわすことなかれ、精進なるすがたをしめすことなかれとなり。そのゆえは、内懐虚仮《ないえこけ》なればなり」と読んでいます。内に虚仮《こけ》（いつわり）を懐いているのが人間だから、外に賢いすがた、善人のかたちを現すな、精進のすがたを示すな、と言うのです。

ここには、自分自身が「内懐虚仮」であることのなげきがあります。賢善精進などどうでもよいと言っているのではありません。賢善精進ぶって、人によく思われようとする心が問題なのです。

蓮如が親鸞の言葉を引いて伝えようとしたことはなんでしょうか。それを考えるには、この御文《おふみ》が書かれた状況を見ておく必要があります。

この御文は「文明第五　十二月十二日」の日付をもっています。大谷の本願寺を破却された蓮如が、あちこちを転々とした後に越前の吉崎《よしざき》に坊舎を建ててから二年あまり経ったころで、すでに蓮如のもとにはたくさんの人が集まるようになっていました。北陸一帯には、蓮如の教えを喜ぶあまり、伝統宗教や他宗を軽んずる人も出てきていたのです。そのために、無用の争いが起きることもありました。

この言葉は、親鸞が語る信心について端的に述べ、信心を獲得することをすすめた御文の後に、なお心得ておくべきこととして書かれています。その心得とは、この信心については、他の教えに縁をもつ人にむやみに語るな、また他宗をそしるな、というものでした。つまり、蓮如が戒めなければならないような状況が、当時あったことが知られます。

自分が教えに出会い、生きる道が見つかることは大きな喜びです。しかし、それを他人に強制したり、異なる信仰や思想をもつ人を批判したりするならば、行きすぎと言わねばなりません。後世を知っている者であるかのように振る舞い、仏法者ぶりするのは、いかにも自分が仏法を知っているように、仏法に基づく生き方を他人にひけらかすことにほかなりません。しかも、それは自分が間違っていないことを誇る善人ぶりにもつながります。

この意味で、蓮如の戒めは、世間との無用な争いを避けるための言葉だと一応はいえましょう。しかしそれ以上に、本当に教えに生きる者は、自分の受けとめを押し付けたり、自分を誇ったりすべきではないという言葉なのです。なぜなら、愚かな我が身であることを教えられたからこそ、阿弥陀仏に導かれて生きるのが念仏者だからです。それがいつの間にか、念仏している自分が賢く立派になったかのように思うのは、錯覚でしかありません。

後世者《ごせしゃ》、善人、仏法者、これらはすべて自分を誇っているのです。本人は仏法を喜び、仏法を大切にしているつもりでも、結局は自己主張に陥っているのです。

世間から牛どろぼうの汚名を着せられることがあっても、善人ぶってはならない、これが念仏者の生き方であると蓮如は教えています。

㉘ 信心で自分が変わる

信《しん》をえたらば、同行《どうぎょう》に、あらく物《もの》も申すまじきなり。心《こころ》、和らぐべきなり。

【現代語訳】 信心を得たならば、共に教えを聞く仲間に対して、荒々しくものを言うはずはありません。心もやわらぐはずです。

（『蓮如上人御一代記聞書《れんにょしょうにんごいちだいききがき》』二九三）

信心を得たら優しい人間になれるという話ではありません。また信心を得た者は、荒々しい口をきいてはいけないとか、心をやわらげ、穏やかでいなければならないというような到達目標を掲げているわけでもありません。もしそう読みたいとすると、立派なよい人間になっていくために信心が必要なのだと考えていることになります。

たびたび述べてきたように、蓮如における信心は、仏の教えをよりどころとして生きることが決まることです。凡夫が凡夫でなくなるわけではありません。愚かな者が賢くなったということでもありません。愚かな凡夫だからこそ、教えに導かれて生きる必要があるのです。教えにしたがって生きることを始めることが信心を得ることであり、決してゴールではないのです。

晩年の親鸞に次の和讃があります。「愚《ぐ》禿《とく》悲《ひ》歎《たん》述懐《じゅっかい》」と呼ばれるものの一首です。

浄土真宗に帰《き》すれども　真実の心《しん》はありがたし
虚仮不実《こけふじつ》のわが身にて　清浄《しょうじょう》の心《しん》もさらになし

「浄土真宗に帰依しているけれども、真実の心はありません。うそ・いつわりの我が身であって、清らかな心も決してあるはずがありません」というのです。六十年近くも浄土真宗の教えに生きてきた親鸞が、晩年になってもなにも変わることのない我が身を見つめています。ある意味、親鸞にしてそうなのか、と驚きます。しかし、うそ・いつわりの我が身を知らされたからこそ、親鸞は仏の教えを生涯聞き続けたのです。「もう私は卒業した」などとは言いませんでした。

こう言うと、親鸞でもそうなら、私などがよくなれないのはしかたがない、このままでいいんだと、開き直る人が出てきます。凡夫だから腹が立つのもしかたがないと、凡夫に腰を下ろしてしまうのです。蓮如の言葉は、そんなふうに開き直る人に対する呼びかけです。

親鸞の「愚禿悲歎述懐」は、浄土真宗に帰依しても、うそ・いつわりの我が身は変わらないことを述べています。しかし、そんな我が身を知らされたのは、浄土の教えに帰依したからであって、教えを聞くことがなければ、我が身の問題にすら気づけないのが人間です。その意味で、真実の心や清浄の心がないという悲歎は、浄土の教えによって初めて起こるものです。自分に真実がない、清らかさなど全くないという目覚めは、自分のものの見方を正しいと思い込んでいたことを知らせます。自分の正しさを振りかざしていたことがいかに愚かであったかを知らせます。

この点を蓮如は、信心を得たならば、同じ教えを聞いて念仏する仲間に対して、荒々しい物言いをするはずがないと語っています。自分の受けとめを振りかざし、自己主張していくことからの解放があるからです。同様に、心もやわらぐはずだと言います。自分の意見に対する執着から解放されるからです。それが本願《ほんがん》のはたらきであることを、蓮如は「触光柔軟《そっこうにゅうなん》の願あり」と言っています。阿弥陀仏の光に触れると、身も心も柔軟になるのです。決して、本人の心がけによるのではありません。

反対に、阿弥陀仏の光に触れることがなければ、身も心も柔軟になることはありません。それで、この言葉に続いて「信《しん》なければ、我《が》になりて、詞《ことば》もあらく、諍《あらそ》いも必ず出来《しゅったい》するなり。」と述べています。

仏を仰ぐ心がなければ、おのずと我を押し立てていくことになります。我を立てれば必ず周りと争うことにもなります。信心を得れば、おのずと周りとの接し方も変わってくるはずです。周りを変えるのではなく、自分自身の関わりが変わるのです。

㉙ 物忌みに振り回されてはならない

物忌《ぶっき》ということは、わが流《りゅう》には仏法についてものいまわぬといえることなり。

【現代語訳】 物忌《ものい》みということについて言えば、親鸞聖人の教えの流れにおいては、仏法に関しては物忌みをしないのです。

（『御文』一―九）

地域や年代の差はありますが、日の善し悪しによって、結婚式の日取りや、工事の開始日などが決められたりします。最新の科学技術を用いたホテルや飛行機に、使われていない数字があるのも、なにかを気にしていることの表れです。根拠があって、避けたほうがよいということから習慣となったものもあるでしょうが、根拠もはっきりしないままに、忌み嫌われてきたものもあるように思われます。

不吉な物を忌み嫌う「物忌《ものい》み」の習慣は、蓮如の時代は今よりも強かったようです。ただ、時代を問わず、不吉なことを避けようとするのは、人間の性分といってもよいでしょう。もし悪いことが起こったときに、その習慣を守っていなかったから、物忌みを破ったからだと思うのではないでしょうか。そんななかで、親鸞の教えでは「仏法に関しては物忌みをしない」と蓮如は言っています。これは他の宗旨や習慣になじんできた人々にとっては、気味悪く思われる言葉だったでしょう。

親鸞の師である法然上人は、阿弥陀仏の名をとなえて往生を遂げる念仏往生の道を掲げました。「専修念仏《せんじゅねんぶつ》」という言葉が示すとおり、念仏以外を不要とする徹底ぶりでした。それは人間の経歴や能力などを一切問わずに、だれもが往生することを明らかにしたものでした。しかし、伝統宗教からは、阿弥陀仏以外の神や、仏を拝まない集団として偏っているという批判を受けることになります。その法然上人も「百四十《ひゃくしじゅう》五箇条問答《ごかじょうもんどう》」などで、「物忌み」について具体的な問いに答えています。特に、伝統的な習慣を破ることに対する不安に対しては「くるしからず」、つまり「大丈夫だ」と励ましています。積極的に習慣を破れとすすめるわけではありませんが、破らざるをえないときには、気にするなというのです。

世間の価値観と向き合う法然上人の姿勢は、蓮如にも通じています。他宗他門の人が物忌みをすることに対して、そしってはならないとまずは述べます。他宗他門の人と争って、結局は自己主張に落ちていくことの愚かさを蓮如は見ていたからだと思われます。ただし、仏法に生きようとする者においては、物忌みは不要であることを断言します。

仏法を修行《しゅぎょう》せんひとは、念仏者《ねんぶつしゃ》にかぎらず、物《もの》さのみいむべからずと、あきらかに諸経の文《もん》にもあまたみえたり。

（『御文』一―九）

阿弥陀仏の教えに生きる念仏者に限らず、仏法を修行しようとするすべての者は物忌みをしてはならないと、多くの経典に明らかに出ている、とまで言っています。

ここには親鸞の「神祇不拝《じんぎふはい》」の精神が脈々と流れています。阿弥陀仏以外の神や仏はどうでもよいというのではなく、阿弥陀仏をよりどころとして生きるところに、祟《たた》りを恐れたり、お守りをお願いする必要がなくなるということです。吉や福を追い求め、凶や禍を恐れることからの解放があるのです。どのような状況がやってきても、立ちあがっていく勇気が湧いてくるのです。

別の御文で蓮如は、法然上人の「浄土をねがう行人《ぎょうにん》は、病患《びょうげん》をえて、ひとえにこれをたのしむ」という言葉を引き、法然上人は病気になったことを楽しまれたというが、自分には全くそんな気持ちは起こってこないので、あさましく、恥ずべきことであると述べています。しかしながら、阿弥陀仏の教えによって生きていく道が開かれることの恩徳は、称名念仏を通して片時も忘れることがない、と語っています。

物忌みは駄目だと蓮如は頭ごなしに否定してはいません。それは、不安や恐れから物忌みせざるをえない人間の弱さを、よくよく知っていたからでしょう。それ故にこそ、物忌みに振り回されない広い世界があることを、蓮如は語り続けたのです。

㉚ 世間とつながりながら仏法を生きる

仏法《ぶっぽう》をあるじとし、世間を客人とせよ。

【現代語訳】 仏法を主人とし、世間を客人としなさい。

（『蓮如上人御一代記聞書』一五七）

一見すると、「仏法を第一とし世間のことは二の次にしなさい」と読める言葉です。しかし、よく見れば、「世間を客人とせよ」と言っています。これは、どんな意味でしょうか。

蓮如は、念仏の教えに生きる人が生まれることをなによりも喜びにしていました。随所に足を運んで、人々との語らいを大事にしたのも、そのためでした。それによって多くの人が蓮如のもとに集うようになりましたが、中には自分が聞いたことを重視するあまり、他宗をそしったり、世間の考えを軽んずる人も出てきました。それ故、蓮如は、他宗との無用ないさかいを避けるため、また世間とのあつれきを避けるために、守るべき「掟《おきて》」を内容とする御文をいく度も書いています。

たとえば、文明六年二月の『御文』には次のような言葉が並んでいます。「守護地頭方《とうほう》にむきても、われは信心をえたりといいて疎略《そりゃく》の義なく、いよいよ公事《くじ》をまったくすべし」、「諸神《しょじん》・諸仏《しょぶつ》・菩薩《ぼさつ》をもおろそかにすべからず」、「ことにほかには王法《おうぼう》をもっておもてとし、内心には他力《たりき》の信心をふかくたくわえて、世間の仁義をもって本《ほん》とすべし」と。蓮如がいく度も戒めなければならないほど、ここに述べられていることが、日常的に行われていたことが推測されます。自分は信心を得たと吹聴して、世間のことを疎略にすればどうなるでしょうか。念仏者はけしからん、という批判を招くことになるに違いありません。だから、「世間の仁義をもって本《ほん》とすべし」とまで言い切っているのです。

この蓮如の姿勢を、世間におもねるもの、世間に迎合することをすすめるもの、と評する見解もあります。しかし、実際にたくさんの人が集まり、世間の価値観に従わない集団として危険視される状況を考えれば、蓮如の言葉は念仏に対する誤解を避ける意図があったと思われます。それは後の一向一揆《いっこういっき》に対して、戦《いくさ》に勝つことが仏法を広めることにはならないと戒める蓮如の姿勢にもつながっています。

自分が感動したことは他人にもすすめたくなるのは人情です。しかし、感動を無理に強いることはできません。教えに出会うにも、それぞれの人生の歩みがあります。自分が出会えたからといって人を急がせるわけにはいきません。他宗をそしったり、世間の仁義を軽んじたりというのは、周りを自分の仲間にしたいという気持ちの表れです。また、早く結果を得たいという焦り以外のなにものでもありません。その心は、自分の思いがかなわないとなれば、お前など仲間ではないと言って切り捨てることになります。本当に仏法が大切ならば、思うように伝わったか伝わらないかで一喜一憂することなどないはずですし、「仏法に生きる人」が生まれるまで、辛抱強く待ち続けることができるのではないでしょうか。

取り上げた言葉に続けて蓮如は言います。

仏法のうえより、世間のことは時《とき》にしたがい、相《あい》はたらくべき事なり。

「仏法に立つことによって、世間のことは時にしたがって動いていくはずである」ということであり、自分の意に沿うか沿わないかで、人を判断するのではありません。まずは自分自身が仏法に立って生きていくことが大事なのです。この意味で、仏法をあるじとするとは、我を立てて我を主張することの対極にあります。仏法を聞いていながら、すぐに我を立てていくのが人間です。これを本当に知るならば、他者をそしったり、軽んじたりということにはならないはずです。世間のつながりを大事にしながら、仏法を中心に生きることが課題になるはずです。これを蓮如は「世間を客人とせよ」と呼びかけているのです。

㉛ 教えを受け取る機が熟しているかどうか

宿善《しゅくぜん》無《む》宿善《しゅくぜん》の道理を分別せずして、手《て》びろに世間のひとをもはばからず勧化《かんけ》をいたすこと、もってのほかの当流のおきてにあいそむけり。

（『御文』三―一二）

【現代語訳】 過去からの善の有無をわきまえずに、世間のひとの心を考慮することなく手広く仏法をすすめていこうとするのは、もってのほかのことであり、親鸞聖人の教えに背いています。

「宿《しゅく》」は「むかし」という意味で、宿願といえば、かねてからの願いを表しますし、宿世《しゅくせ》といえば、前世という意味になります。宿善についても、だいたいは前世に行った善という意味で受けとめられています。ただ、前世ということを実体的に考えると、なんの話かが見えにくくなります。

『歎異抄《たんにしょう》』は親鸞の言葉を弟子の唯円《ゆいえん》がまとめたものですが、その現存する最も古い写本は、蓮如が書写したものです。それには蓮如による奥書《おくがき》が付いています。

右この聖教《しょうぎょう》は、当流大事《とうりゅうだいじ》の聖教とするなり。無宿善《むしゅくぜん》の機においては、左右《そう》なくこれを許すべからざるものなり。

ここで蓮如は『歎異抄』を親鸞聖人の教えにおける「大事の聖教」と位置付けています。蓮如自身は写し取った本を手許において愛読していたと考えられますが、「無宿善の機に対してはむやみに見せてはならない」という言葉を根拠にして、蓮如が『歎異抄』を禁書扱いしたということがよくいわれます。しかし、蓮如が書写しなければ『歎異抄』は表に出ることはなかったでしょうし、蓮如以降も読み継がれることはなかったでしょう。禁書扱いというのは誤解であって、奥書は人にすすめるときの注意を呼びかけているのです。誤解のもとになっているのは、「無宿善の機」を実体化してとらえるためだと思われます。

「機」は教えを受ける者を指す言葉で、「無宿善の機」とはまだ教えを受け取る機が熟していない状態にある人を意味しています。それを、あの人には宿善があるとか、この人は無宿善だと決めつけるならば、宿善は人を類別するための基準になってしまいます。それこそが実体化です。蓮如が言おうとしているのは、仏法が伝わるにはよほどの縁が整わなければならないということです。いくら『歎異抄』が大事な聖教であっても、闇雲に配ればいいということではないのです。その意味からすれば、「手びろに世間のひともはばからず勧化をいたす」とは、縁を無視し、自分が語れば伝えられるはずという思い込みがあるからです。それによって、念仏を広めようとして、かえって世間の反感を買い、念仏に対する批判を呼び起こすことにもつながりかねません。

まだ機が熟していない場合には、どれほど頑張って伝えようとしても耳を傾けてもらうことさえ難しいのです。それが「宿善・無宿善の道理」です。この道理をわきまえずに、自分がこれだけ一生懸命に話しているのに、なぜ聞いてくれないのかというのは、結局は自分の努力を誇っているだけなのです。最後には、あの人は何度話しても聞かないから、もう関わらないと切り捨てることにもなります。

仏法は、語れば伝わるというような簡単なものではありません。もちろん、だからと言って、放っておけばよいという話でもありません。仏法が本当に大事であると知ったならば、伝わるか伝わらないかを超えて、待ち続ける、関わり続けることが始まるのではないでしょうか。

蓮如の最晩年の『御文』には次のような言葉があります。

まことに宿善《しゅくぜん》まかせとはいいながら、述懐のこころしばらくもやむことなし。

人々が信心を獲得するのはそれぞれの宿善にまかせるはかはないと言うけれども、心にあれこれと思うことは少しの間も止むことはない、という意味です。

この御文を書いて四カ月後に、蓮如はこの世を去ります。人生の最期まで、人々が信心を獲得することを願い続けた蓮如の姿と、仏法に出会うことにおいて宿善をいかに重視していたかを知らされます。

㉜ 問うこと自体に価値がある

仏法《ぶっぽう》だにもあらば、上下《じょうげ》をいわずとうべし。仏法は、しりそうもなきものがしるぞ。

【現代語訳】仏法に関することであれば、年齢・身分の上下にこだわらず、問いなさい。仏法は知りそうもない人が、かえって知っているものです。

（『蓮如上人御一代記聞書』一六七）

この言葉の前に、「仏法《ぶっぽう》の義をば、よくよく人に問え。物をば人によく問い申せ」とあり、蓮如は折にふれて語っていたといいます。

仏法の教えについては、よくよく問うことが大切であるということですが、これは、寄合・談合をすることによって、自分勝手な聞き違いを直されることをすすめた姿勢と重なります（114頁参照）。ただこのように言うと、なにかの正解をおぼえることが仏法を聞くことだと思われるかもしれません。しかし、大事なのは正解を知ることではありません。

正解を知ることが大事なのであれば、「だれに問いもうすべき」という質問に対して、蓮如は「だれだれに」と特定の人の名を挙げるか、「正解をよく知っている人に尋ねよ」と言ったに違いありません。ところが、「だれに問えばよいでしょうか」と尋ねた人に対しての蓮如の応答が、取り上げた言葉です。これは、問うこと自体が大切であることを物語っています。

問うことを失えば、仏法を固定化していきます。一つの答えを握って、そこに腰を下ろしてしまうのです。しかも、固定化した仏法で他人や世間を価値判断していきます。自分が知ったつもりになれば、そうでない人を馬鹿にすることにもなります。それは蓮如が最も嫌う「仏法者」の姿です。

『御文』では、

仏法《ぶっぽう》しりがおの体《てい》たらく

とまで言っています。「知りそうもない者が知る」とは、知ったつもりになっている思い上がりを砕く言葉です。知っている人と知らない人を分けて見ていこうとする発想を破る言葉です。

『蓮如上人御一代記聞書』の別の条には、次のような言葉も見えます。

聖　教《しょうぎょう》よみの、仏法を申したてらるることは、なく候う。尼入道《あまにゅうどう》のたぐいの、「とうとや、ありがたや」と、申され候うをききては、人が信《しん》をとる。

聖教をたくさん読んで、物知りの人が仏法を明らかにすることはありません。それに対して、尼入道のような者が「尊いことである、ありがたいことである」と語るのを聞いた人が信心を獲得する、という意味です。

蓮如の時代、尼入道は世間から注目される存在ではなく、中には文字が読めない人もいたようです。しかし、その尼入道が仏法を喜んでいる姿こそ、仏法が生きている証であり、人に仏法を伝えることになる、と蓮如は見ていたのです。

仏法はだれに聞いたらよいかという話ではありません。その心は、どこかで正解を求めています。蓮如が「よくよく人に問え」と言うのは、自分が聞いたところを、他者との対話を通して確かめていくことです。正解に近づけていくのではなく、他者の受けとめをとおして、仏法が呼びかけていることを新たに聞いていくのです。

現実生活では、これまで聞いてきたことでは間に合わなくなることはしばしばあります。これまでの答えにとらわれれば、いよいよ自分が縛られていくだけです。その現実にどう向き合うか、それを改めて聞き直していくのです。周りにいる人は決して敵ではありません。共に仏法を聞いていく仲間として出会っていけます。「上下をいとわず」とは、年齢も社会的地位も、知識の量も経歴も、すべてわけへだてなく、仏法の問いの前には平等であることが示されています。

生きる道を共に問う仲間、これが蓮如がすすめた寄合《よりあい》・談合《だんごう》の姿ではないでしょうか。

㉝ 日々の心がけを大切に

あかおの道宗《どうしゅう》、もうされそうろう。「一日のたしなみには、あさつとめにかかさじと、たしなめ。一月のたしなみには、ちかきところ、御開山様《ごかいさんさま》の御座《ござ》候うところへまいるべしと、たしなむべし。一年のたしなみには、御本寺《ごほんじ》へまいるべしと、たしなむべし」と云々。

【現代語訳】 赤尾の道宗《どうしゅう》が言われました。「一日のたしなみとしては、朝勤《つと》めを欠かさないように心がけることです。ひと月のたしなみとしては、近くの、親鸞聖人の御影《ごえい》が安置されているところに参ろうと心がけることです。一年のたしなみとしては、御本山《ごほんざん》にお参りしようと心がけることです」と。

(『蓮如上人御一代記聞書』四五)

越中（現在の富山県）の赤尾《あかお》に弥七《やしち》という人がいました。蓮如が越前に拠点を定めて北陸地方に念仏の教えを広めているとき、弥七は蓮如と出会ったようです。後に道宗《どうしゅう》という法名《ほうみょう》を名のり、深く真宗の教えに帰依して生きた人でした。なかなか自分に厳しい人で、いくつものエピソードが残っています。

道宗が開基となる赤尾の行徳寺《ぎょうとくじ》には、割木《わりき》に寝ている道宗の像が伝えられています。あたたかい布団で眠ると阿弥陀仏の恩徳を忘れてしまう怠惰な自分を督励するために、阿弥陀仏の四十八願になぞらえた四十八本の割木の上に寝ていたというのです。かつて富山に疎開していた棟方志功《むなかたしこう》は、この道宗の姿に感動し、版画に残しています。

また道宗は日ごろの生き方の指針として、「二十一箇条」の掟を定め、自らに課していました。その中心は、どこまでも阿弥陀仏の教えを中心に生きていくことにありました。蓮如が井波《いなみ》（現在の富山県井波市）まで来たときには、欠かさずに参上し、聴聞に励んでいたと伝えられます。現在、車で行くにしてもかなりの距離がありますが、道宗は尾根伝いに山を三つ、歩いて越えて行ったそうです。

またあるとき、京都の蓮如の元から戻った道宗が、妻から頼まれていた蓮如の法語を忘れていたことに気づき、脱ぎかけていた草鞋の紐をくくり直して、再び京都まで出かけていったという話も伝えられています。生活の中で仏法を第一にする姿勢がうかがわれます。

そんな道宗が語ったのが掲出の言葉です。「たしなみ」とは「嗜み」という字で表されますが、日々の心がけ、留意することを意味します。蓮如の教えを受けた道宗が、なにを大事にしていたかがよく表れている言葉です。

蓮如は毎日の勤行《ごんぎょう》として、親鸞が作った漢文の歌である「正信偈《しょうしんげ》」と和文の歌である「和讃《わさん》」を声に出して読むことをすすめました。吉崎《よしざき》時代には、これらを木版で印刷して出版までしています。これによって、門徒衆は親鸞の言葉に毎日ふれ、念仏の心をいただくことができるようになったのです。道宗が「あさつとめにかかさじ」と言うのは、この「正信偈」と「和讃」の勤行から一日の生活を始めていたことがわかります。

ひと月のたしなみといわれる「御開山様《ごかいさんさま》の御座《ござ》候うところへまいるべし」とは、道宗の場合、具体的には井波の瑞泉寺《ずいせんじ》への参詣です。また一年のたしなみといわれる「御本寺《ごほんじ》へまいるべし」とは、京都にある本願寺《ほんがんじ》の報恩講に参詣することです。真宗の教えを聞く者の心構えがよく表れているといえます。

ただしこの話を、道宗が義理固い人だったという話で終わらせてはいけません。道宗の中心課題はどこまでも仏法の聴聞にありました。それを考えるとき、蓮如の「寄《より》合《あい》、談合《だんごう》をせよ」という言葉が思い合わされます。

一人で毎日「正信偈」を読むことは大切ですが、「意巧《いぎょう》に聞く」（自分の意に合わせて聞く）ことは避けられません（114頁参照）。毎月の法座（聞法の場）、年に一度の報恩講、そこではたくさんの人との出会いがあります。日ごろの自分の受けとめを、他の人との語らいをとおして確かめていく、それが、ひと月のたしなみ、一年のたしなみといわれているのではないでしょうか。

教えを聞く者のたしなみを語る道宗の言葉は、蓮如の『談合せよ』というすすめを憶念していたからこそ出てきたと思われます。

34 意のままにならぬことに目ざめよ

身《み》あたたかなれば、ねぶりきざし候う。あさましきことなり。その覚悟《かくご》にて、身《み》をもすずしくもち、眠《ねぶ》りをさますべきなり。身《み》、随意《ずいい》なれば、仏法《ぶっぽう》・世法《せぼう》、ともにおこたり、無沙汰《ぶさた》・油断《ゆだん》あり。

【現代語訳】身体が暖かいと、つい眠くなります。あさましいことです。これをしっかりと思い知って、身体をすずしくたもって、眠りをさますべきです。身体が意のままになると、どうしても仏法についても世間のことについても、ともにおこたって、無沙汰となり、油断するものです。

（『蓮如上人御一代記聞書』二九二）

仏法を聴聞するについて、世間の人々との関わりについても心を配った、蓮如らしい言葉です。暖かく心地よければ、どうしても眠くなります。身体を休ませるときならそれも大切ですが、人の話を聞いている最中に眠気をもよおしたら大変です。「失礼な」と言われるだけならまだしも、人間関係が壊れてしまうかもしれません。「あさましきことなり」と蓮如が言っているのは、ただ叱りつけているのではありません。人間の身体とはそういうものだという事実を教えているのです。

明日だけは寝過ごしてはいけないと思うあまり、前の晩に緊張して眠れず、明け方につい寝入ってしまったというような経験はだれにでもあるのではないでしょうか。自分の身体なのに、自分の思いどおりにはいかないのです。

そんな我が身の事実にしっかりと目をさますこと、それが「覚悟《かくご》」の内容です。自分は大丈夫、絶対に失敗しないなどと高をくくるのではなく、失敗することもあると思い知ることが大事なのです。あさましさを知ると、自分を過剰に当てにすることなく、用意すべきもの、気をつけるべきことが見えてきます。「身をすずしくもち」というのは、眠くなってしまう我が身に気づいたからこその言葉です。

もう少し、話を広げてみましょう。

身体が若くて元気なときには、自分の身体が思いどおりに動くものだと思っています。取り立てて意識することすらないかもしれません。しかし、年齢を重ねれば、どんな人でも以前のようにはいきません。そのときに、身体に恨みごとを言っても身体は元に戻ってはくれません。歩くのが危ないとなれば、杖や手押し車も必要になるでしょう。他の人に支えてもらうことも考えなければなりません。病気にかかれば、病気に応じた薬が必要になるのと同じです。いつまでも若くて元気なままというわけにはいかないのです。

考えてみれば、現代人は自分たちにとって都合のよいことばかりを求めてきたのではないでしょうか。それはなんでも思いどおりにしようとする生き方です。それによって便利さを手に入れたことも確かですが、環境を破壊し、自分たちの生存までおびやかすようになっています。にもかかわらず、思いどおりにしようという生き方を問い直す方向には、なかなか向きません。ちょうど、身体が弱って悲鳴をあげているのに、薬も与えずに、鞭打ち続けているようなものです。

実は、思いどおりにならないことが大事なのです。なにに気をつけなければいけないかを知らされるからです。

人間にとって思いどおりにならない最たるものは生老病死《しょうろうびょうし》です。生老病死はだれの上にも与えられた平等の事実です。現代人はこの生老病死をもコントロールしようと躍起になっていますが、もし思いどおりになったとしたらどうなるのでしょうか。おそらく生きる目的を見失って、空しく日を送るしかなくなるに違いありません。蓮《れん》如《にょ》の「身《み》、随意《ずいい》なれば、仏法《ぶっぽう》・世法《せほう》、ともにおこたり、無沙汰《ぶさた》・油断《ゆだん》あり」という言葉は、現代人の生き方を問うているように思われます。

限りある命だからこそ、今日という一日が尊いのです。二度とない人生だからこそ、ありがたいと思う心も起きます。我が身であっても、意のままにはなりません。それに目をさまして、日常生活を送ることの大切さを蓮如の言葉から学びたいものです。

㉟ しつこくなってはならない

たとい正義《しょうぎ》たりとも、しげからんことをば、停止《ちょうじ》すべき由候《よしそうろ》う。

【現代語訳】 たとえ正しい教義であっても、しつこく繰り返すことはやめるべきであると、蓮如上人はおっしゃいました。

（『蓮如上人御一代記聞書』一三四）

大事なことを伝えたいときは、繰り返してしまうのが人情です。親が子どもを育てる場合でも、同じことを何度も言ってしまうことはよくあります。そうすると、子どもから「わかってる！」「うるさいなぁ！」「何度も言わないで！」と返されることになります。親としては心配しているが故のことなのですが、その根には、子どもはわかっていないかもしれないという疑う心があるのです。いわば、自分のほうがわかっているという高みに立った考えです。

ここで蓮如が語っているのは、仏法を聴聞していく上での話ですが、やはり同じようなことが起こるというのです。自分が感動をもって聞いたこと、納得したことは、やはり人にも聞いてほしいものです。まして、自分の受けとめが間違っていないと思うときは、つい声も大きくなりがちです。話した相手がすっと受けとめてくれれば、なにも引っかからないでしょう。しかし、相手がうなずいてくれない場合は、どうしてわかってくれないのと詰めよることも起きかねません。おそらく蓮如は、熱く語るあまりに仏法に対する嫌悪を生じたり、反発を招いたりしている現実を見ていたに違いありません。

玄関先に宗教の勧誘に来る人がたまにありますが、自分の言いたいことばかりを並べて、なかなかこちらの言うことは聞いてくれません。中には断ってもなかなか帰ろうとしない人もいます。おそらく自分の信仰をよほど正しいと思っているか、疑ったことがないのでしょう。ただ、これは宗教勧誘の人に限ったことではありません。自分に自信があるときは、ついしつこくなってしまうのです。

蓮如は言います。たとえ教義を正しく伝えようとする場合であったとしても、しつこく繰り返すことはやめなさい、と。一人の人間が自分の生き方として仏法を聞くのは、難中の難です。それを忘れて、熱く語りさえすれば仏法を伝えられると思うのは、あまりにも楽観的です。自分の伝える能力を過信しているとしかいえません。それは、どれほど真面目に仏法を伝えようという心からの行動であったとしても、最後は自己主張になってしまうのです。

中国唐代の禅の語録に『参同契《さんどうかい》』という書物があります。その中の一句に、「理に契《かな》うもまた悟りに非ず」という言葉があります。どれほど理にかなっていても、それだけではさとりではないというのです。いくら筋道が通っていても、現実の生活の上に実を結ばなければ、生きた仏法とはいえません。蓮如の言葉にはこれとも通ずるものがあると思います。

寄合《よりあい》・談合《だんごう》は蓮如のすすめた大切なことですが、自分の意見を主張するための場ではありません。仏法を中心にして、お互いにそれぞれの生き方について確かめ合う場です。そのことを蓮如は、取り上げた言葉に続けて「いよいよ増長《ぞうじょう》すべきは、信心《しんじん》にて候う」と語っています。信心がいよいよ明確になり、盛んになることをすすめているのです。

これは自分一人の内にこもって、自分の信心を固めていくという話ではありません。そうではなく、仏法を聞いて信じているつもりの自分こそが問題になるのです。仏法を聞いて寄合・談合の中で仏法を語っているつもりでも、自己主張しているにすぎなかったことが見えてくるのです。それが見えれば見えるほど、自分のつかんでいた「正義《しょうぎ》」が問い直されることになります。

この意味で、寄合・談合は、自分の姿をあばいてくれる大事な場なのです。

㊱ 執着ではなく報謝を

仏法《ぶっぽう》には、まいらせ心わろし。是《これ》をして御心《おんこころ》に叶《かな》わんと思う心なり。仏法のうえは、何事も、報謝《ほうしゃ》と存《ぞん》ずべきなり。

【現代語訳】 仏法においては、善根《ぜんごん》を積み上げて仏に差し上げようとする心が悪いのです。その心は、なにかをして仏の心に叶おうと思う心です。仏法においては、何事も報謝であると心得るべきです。

（『蓮如上人御一代記聞書』一三五）

「まいらせ心」、耳慣れない言葉かもしれません。自分より上位の人に対して、物などを献上することを「参らす」といいます。また、なにかをして差し上げることも「参らす」といいます。ここでは、一生懸命にお経を読んだり、善行《ぜんぎょう》をして功徳《くどく》を積み上げたりして、仏の御心にかなおうとする心が「まいらせ心」といわれています。それが、どうして悪いのでしょうか。

お経は仏の教えが説かれているものですから、お経を読むことは仏の教えを聞くことになります。また、善をすすめるのが仏教の基本であることを考えれば、善行をして功徳を積むことも意味のあることです。ただし、人間はどうしても自分がやったことに執着する癖があります。これだけお経を読んだとか、何巻のお経を写したとか、何年も前から読んできたとか……。

この執着が「まいらせ心」の根にあるのです。ですから、努力するのが悪いのではありません。努力したことに執着する心が問題なのです。それは結局、自分の努力を認めてもらおうという心にすぎません。仏に認めてほしいといえば殊勝そうに聞こえますが、その実は、良い結果を期待する心であり、これだけのことをしたのだから、ご利益《りやく》があるはずだという取り引きの心です。それを、蓮如は「まいらせ心わろし」と言うのです。

このことは人に対するときにも当てはまります。たとえば、災害に遭った人を支援するためのボランティアは人の善意から起こる尊い行為といえます。しかしそこに、してあげている、やってあげているという心が入ったらどうなるでしょう。善意の押し売りになってしまいます。人の悩みを聞いてあげるというのも同じで、自分はできているという心が根っこにあります。いくら善意が出発点でも、人を上から見下すことになるのです。

『蓮如上人御一代記聞書』には次のような言葉もあります。

よき事をしても、われは法儀《ほうぎ》に付きてよき事をしたると思い、われ、と云《い》う事あれば、わろきなり。

たとえ善いことをしても、自分は仏法のために善いことをしたのだと思ったり、また「私が」という自分を誇る心があるならば、それは悪いことになってしまうという意味です。この条は「しかれば、蓮如上人は、『まいらせ心がわろき』と、仰《おお》せらるると云々」と結ばれていますから、右の発言は蓮如自身のものではないでしょう。しかし、蓮如が言う「まいらせ心」のもつ問題をよく示しています。「善いことをしたのだ」という思いと、「私が」という我執です。

「私が」という我執は簡単になくせるものではありません。年齢を重ねればだんだんと消えていくものでもありません。かえって分厚くなることすらあります。そんな私たちに対して、蓮如は具体的に語りかけます。「仏法のうえは、何事も、報謝と存ずべきなり」と。「まいらせ心」をなくせとは言っていません。まずは「まいらせ心わろし」と「まいらせ心」に気づけ、と。その上で、「何事も報謝と心得るべき」と言います。

努力は自分一人でできたのではありません。努力できる縁がそろっていたからです。努力できたことを喜ぶ心、さらに言えば、喜ぶことを教えてくれた仏に対する報謝の心をもつこと、これを蓮如はすすめているのです。

《キーワード④ 本願寺教団》

親鸞自身はお寺をもった人ではありませんでした。親鸞が入滅した後に、娘の覚信尼《かくしんに》が門弟たちの協力を得て、京都東山に親鸞の廟堂を建てます。その廟堂が親鸞の曾孫である覚如《かくにょ》（一二七〇―一三五一）によって寺院となり、本願寺《ほんがんじ》と称します。

親鸞滅後、およそ六十年後のことです。ただ、親鸞の門弟たちは、それぞれに独自の派をすでに形成しており、本願寺は決して大きな勢力ではありませんでした。それが第八代を継いだ蓮如の時代になって、一気に大きくなったのです。蓮如が「中興の祖」とか「再興の上人」と呼ばれるのは、この故です。

蓮如が最後に建てた大坂の坊舎は、後に大坂本願寺（石山御坊《いしやまごぼう》とも）となりました。ここは織田信長との石山合戦で有名です。当時、本願寺の第十一代であった顕如《けんにょ》は、戦いを避けるために信長と和議を結びますが、長男の教如《きょうにょ》は信長を疑って徹底抗戦を呼びかけ大坂本願寺に籠城しました。顕如は教如を義絶するほかありませんでした。

秀吉の時代になって、本願寺の第十二代は教如の弟の准如《じゅんにょ》が継ぐことになりますが、教如に付き従う者も多くありました。そんななかで、秀吉の死後、徳川家康が教如に寺地を与え、東本願寺が成立します。

ここに本願寺教団は東西の二派に分かれ、それが今日まで続いています。

生涯編

略年譜

＊年齢は数え年で表記
＊一部に異説があります

１４１５年（応永22）	1歳	京都東山大谷《ひがしやまおおたに》で誕生。父は本願寺第七代・存如《ぞんにょ》、母は未詳。
１４２０年（応永27）	6歳	生母、大谷を去る。
１４２９年（永享元）	15歳	真宗再興の志を立てる。
１４３１年（永享3）	17歳	青蓮院で得度、蓮如と称する。
１４３４年（永享6）	20歳	『浄土文類聚鈔』を書写。
１４３６年（永享8）	22歳	「三帖和讃」を書写。
１４３８年（永享10）	24歳	『浄土真要鈔』、『口伝鈔』を書写。
１４４０年（永享12）	26歳	祖父、巧如没。行年65。
１４４２年（嘉吉2）	28歳	長子、順如《じゅんにょ》生まれる。母は如了《にょりょう》。
１４４６年（文安3）	32歳	『愚禿鈔』を書写。

１４４７年（文安４）	33歳	『末燈鈔』、『安心決定鈔』を書写。 父存如とともに東国に赴く。
１４４９年（宝徳元）	35歳	「三帖和讃」、『御伝鈔』を書写。 父存如とともに北陸および東国に赴く。
１４５０年（宝徳２）	36歳	『教行信証』を書写。
１４５５年（康正元）	41歳	妻、如了没。行年41。
１４５７年（康正３）	43歳	父、存如没。行年62。本願寺第八代留守職を継承。
１４５８年（長禄２）	44歳	第八子、実如《じつにょ》生まれる。母は蓮祐《れんゆう》。
１４６０年（寛正元）	46歳	近江堅田《かただ》の法住《ほうじゅう》に本尊（十字名号）を授ける。 近江金森《かねがもり》の道西《どうさい》の求めにより『正信偈大意』を著す。 〈全国、大飢饉〉
１４６１年（寛正２）	47歳	最初の「御文《おふみ》」（「御文章《ごぶんしょう》」とも）を書き、道西に授ける。
１４６５年（寛正６）	51歳	延暦寺の衆徒により大谷廟堂を破却され、近江に移る。
１４６６年（文正元）	52歳	近江金森で報恩講を勤める。

1466年（文正元）	52歳	寺務を順如《じゅんにょ》に譲る。
1467年（応仁元）	53歳	〈応仁の乱おこる〉
		近江堅田で報恩講を勤める。
1468年（応仁2）	54歳	東国に赴く。
		高野山・吉野に赴く。
1469年（文明元）	55歳	大津の三井寺南別所に坊舎を建てる。
1470年（文明2）	56歳	妻、蓮祐《れんゆう》没。
1471年（文明3）	57歳	越前吉崎《よしざき》に坊舎を建立する。
1473年（文明5）	59歳	「正信偈」「三帖和讃」を開板（出版）する。
1474年（文明6）	60歳	吉崎の坊舎・寺内町炎上する。
		〈文明の一向一揆おこる〉
1475年（文明7）	61歳	吉崎を退去し、河内出口《でぐち》に至る。
1476年（文明8）	62歳	この頃、摂津富田《とんだ》、和泉堺《さかい》に坊舎を建立する。
1477年（文明9）	63歳	「御俗姓《ごぞくしょう》」を著す。

1478年（文明10）	64歳	〈応仁の乱終息〉 山城山科《やましろやましな》に坊舎の造営を始める。 妻、如勝《にょしょう》没。行年31。
1480年（文明12）	66歳	山科本願寺御影堂建立、山科にて報恩講を勤める。
1481年（文明13）	67歳	仏光寺経豪《きょうごう》、蓮如に帰依する。
1483年（文明15）	69歳	順如没。行年42。 山科本願寺完成。
1485年（文明17）	71歳	妻、宗如《しゅうにょ》没。
1486年（文明18）	72歳	出口、堺を経て紀州に赴く。
1489年（延徳元）	75歳	寺務を実如に譲り、山科本願寺の南殿に隠居する。
1496年（明応5）	82歳	摂津大坂に坊舎の造営を始める。
1497年（明応6）	83歳	大坂坊舎（石山本願寺《いしやまほんがんじ》）完成。
1498年（明応7）	84歳	4月から病気により臥す。
1499年（明応8）	85歳	3月25日正午、山科にて示寂。

蓮如の生涯

蓮如（一四一五—一四九九）がこの世を去って五百年以上になります。しかし、今もなお魅力ある人として、さまざまな取り上げ方がされています。戦国時代をたくましく生き抜いた人として、また本願寺教団を全国規模に拡大した人として、あるいは五人の妻をめとり二十七人の子をもうけた人として——。それらのどこを取り上げるかは人によって異なりますが、それぞれの関心にしたがって注目を集めていることは間違いありません。

蓮如はどこまでも親鸞（一一七三—一二六二）の教えた「南無阿弥陀仏《なむあみだぶつ》」に生きよう

とした人でした。蓮如自身が親鸞の教えを仰ぎ、その大事さを知っていたからこそ、人々にもすすめたのです。まだ若い十五歳のときに真宗《しんしゅう》を再興しようという志を立てたと伝えられるのも、この故です。

もちろん「真宗再興」とは、宗派や教団を大きくすることを意味していません。それは蓮如自身が「一宗《いっしゅう》の繁昌《はんじょう》と申すは、人の多くあつまり、威《い》の大なる事にてはなく候う。一人なりとも、人の、信を取るが、一宗の繁昌《はんじょう》に候う」（80頁参照）と述べているとおりです。信心を得て生きる人が誕生することをなによりも願ったのが蓮如でした。その生涯をたどりながら、蓮如の願いをたずねてみたいと思います。

一　本願寺に生まれ、育つ

本願寺第七代の子として

蓮如は応永二十二年（一四一五）京都東山の大谷《おおたに》にあった本願寺に生まれました。布袋丸《ほていまる》と呼ばれます。父は後に本願寺第七代となる存如《ぞんにょ》で、二十歳でした。母は本願寺に仕える侍女であったといわれていますが、詳しいことはわかっていません。

父の存如《ぞんにょ》が武家の海老名《えびな》氏から正室を迎えることになった際に、母は本願寺を去ったと伝えられています。蓮如がまだ六歳のことでした。蓮如の母に対する思いは強く、後年になって手を尽くして探したこともありましたが、行方を知ることはできませんでした。

この母との別れが蓮如に与えた影響は大きかったに違いありません。直接に母への思いを述べた言葉があるわけではありませんが、母が本願寺を出た十二月二十八日を命日と定め、母を偲んだと伝えられています。また、その身分故に本願寺にとどまることができなかった母を思うとき、名前も知られぬ人々に対する接し方もおのずと培われていったはずです。

後に蓮如は五人の妻を迎え、十三男・十四女の合わせて二十七人の子に恵まれますが、家族に対する思いはとても深かったようです。蓮如の言行録である『蓮如上人《れんにょしょうにん》御一代記聞書《ごいちだいききがき》』には「わが妻子ほど不便《ふびん》なることなし」という言葉も残っています。これも、幼少時の母との別れという悲しい体験が原点にあるのではないでしょうか。

当時の本願寺の状況

蓮如が生まれた頃の本願寺は、参詣する人も少なく、苦しい生活を強いられていました。『本福寺由来記《ほんぷくじゆらいき》』という書には、「人跡《じんせき》たえて、参詣の人、一人もみえさせたまわず。さびさびとすみておわします」と記されています。後に蓮如の有力な門弟となる近江国堅田《かただ》の法住《ほうじゅう》が、蓮如誕生の二年前の本願寺のようすを伝えている言葉です。父存如が海老名氏から如円《にょえん》を妻として迎えたのも、本願寺が置かれた状況と関係していると思われます。経済的な支援だけではなく、戦国時代前夜ともいえる室町時代の状況下で、本願寺には後ろ盾が必要であったことの表れでしょう。

蓮如の十男の実悟《じつご》がまとめた『蓮如上人遺徳記《れんにょしょうにんいとくき》』によれば、蓮如の母は本願寺を去るときに、「児《ちご》の一代に聖人《しょうにん》の御一流《ごいちりゅう》を再興したまえ」と言い残して、どこへともなく出て行ったといわれています。これは、後に蓮如が果たした仕事からいわれるようになったことかもしれません。しかしながら、真宗の再興ということが、蓮如の生涯を貫く課題であったことは間違いありません。その意味では、本願寺が窮乏生活をしていることよりも、親鸞の教えを伝えることができていないことこそが、蓮如の抱えた課題であったのです。

同じく『遺徳記』には、蓮如が十五歳のときのこととして、次のような言葉が伝えられています。

「蓮如上人は、真宗を興行したいという志が盛んで、真宗が途絶えているのに前の代では再興できなかったのを残念に思われ、どうにかして自分の一代に、親鸞聖人の教えをあちこちに顕そうと常に念願しておいででした」と。

本願寺の現状は、親鸞の教えが途絶えてしまっていると、若き蓮如の目には映っていたのです。自分の一代をかけて、どうにかして親鸞の教えを諸方にあきらかにしていくことを常に念願していたのが蓮如でした。

得度と学び

永享三年（一四三一）、蓮如は天台宗《てんだいしゅう》の青蓮院《しょうれんいん》において、出家得度《しゅっけとくど》します。十七歳のことでした。もともと本願寺は、第三代を名のる覚如《かくにょ》のときに、天台宗の末流に加わることで寺院として出発します。そのため、覚如をはじめとして、本願寺の代々はすべて天台宗で得度を受けています。またその際に、公家の一員として出家する形を取り、覚如は勘解由小路兼中《かでのこうじかねなか》の養子となっています。蓮如もこの例にならい、日野一門の広橋兼郷《ひろはしかねさと》の養子となっています。そのときの諱《いみな》が「兼寿《けんじゅ》」で、得度して名のった法名が「蓮如《れんにょ》」です。

この形は蓮如の子にも踏襲されていきます。蓮如が後を託そうとしていた長男の順《じゅん》如《にょ》も、順如が亡くなり蓮如の跡を継ぐことになった実如《じつにょ》も、日野勝光《ひのかつみつ》の養子となっています。ちなみに、日野勝光とは、室町幕府第八代将軍足利義政《あしかがよしまさ》の正室であった日野《ひの》富子《とみこ》の兄にあたります。このあたりにも、本願寺と公家社会、さらには武家社会がいやおうなく絡み合っていることが見てとれます。

このように、蓮如の出家得度は天台宗の一僧侶として始まりました。しかし、親鸞の教えをあきらかにして、浄土真宗を再興したいという蓮如の願いは熱いものでした。それが後に、本願寺の第八代を継いでからは、天台宗の色を拭い去って、独自の形を世に示していくことになるのです。

十七歳で得度して以降、蓮如は精力的に仏の教えである聖教《しょうぎょう》（経典や論書）を読み、また書写しています。親鸞の『教行信証《きょうぎょうしんしょう》』や『浄土文類聚鈔《じょうどもんるいじゅしょう》』をはじめとして、覚如《かくにょ》、存覚《ぞんかく》の書物も書き写しています。それは単に自らのためということではなく、父の存如が門弟に与える聖教を、蓮如が代筆しているものもあります。そういう意味では、蓮如はすでに父から次代を担う者として期待されていたことがうかがわれます。

蓮如には「聖教《しょうぎょう》はよみやぶれ」（94頁参照）という言葉がありますが、自分自身が聖教が破れるまで繰り返し読んだからこそ出てきた言葉だと思われます。

また蓮如は、父の存如とともに、東国を旅しています。存如の布教に随行したわけですが、親鸞の旧跡を巡拝するとともに、関東の念仏者《ねんぶつしゃ》と出会う旅でもありました。一度目は三十三歳のとき、二度目は三十五歳のときでした。二度目のときは北陸を回ってから関東へ赴いていますが、このとき加賀国木越《きごし》の性乗《しょうじょう》に、親鸞の作った「三《さん》帖和讃《じょうわさん》」（「浄土和讃《じょうどわさん》」、「高僧和讃《こうそうわさん》」、「正像末和讃《しょうぞうまつわさん》」）と、作者は不詳ですが蓮如が愛読した『安心決定鈔《あんじんけつじょうしょう》』を書き与えています。

蓮如は二十七歳ころに最初の結婚をします。武家の伊勢氏《いせし》の娘である如了《にょりょう》という人です。二十八歳のときに長男の順如《じゅんにょ》が生まれますが、生活は依然として楽ではなかったようです。聖教を読むにも油がなく、月の光で読んだといわれます。また食事が二・三日なかったこともあったようです。あるいは、蓮如自身が子どものおむつを洗うこともあったといいます。

如了との間には七人の子を授かりますが、如了は四十一歳で亡くなります。生まれたばかりの蓮誓《れんせい》を育てるためもあって、蓮如は如了の妹である蓮祐《れんゆう》と再婚します。蓮祐との間には十人の子が生まれますが、蓮如五十六歳のときに蓮祐も亡くなります。三度目の結婚については何歳の時かはっきりしませんが、山名《やまな》氏《し》の娘と伝えられる如《にょ》勝《しょう》と結婚します。文明九年（一四七七）に一人の女子（妙勝）が生まれますが、翌年に如勝は亡くなります。四度目に結婚した宗如《しゅうにょ》は姉小路《あねこうじ》氏《し》の娘でしたが、二人の子を産んで文明十七年（一四八五）に亡くなったと思われます。そして五度目に、畠山《はたけやま》氏《し》の娘の蓮能《れんのう》と結婚し、二人の間には七人の子が生まれます。

このようにして、蓮如は八十五歳で世を去るまでに、五度の結婚をしますが、四人の妻と次々に死別し、何人もの子どもにも先立たれるという深い悲しみを味わっているのです。

若き日からの聖教の読解と書写、それに加えて人生の上での喜びや悲しみ、これが蓮如の「御文《おふみ》」（「御文章《ごぶんしょう》」とも）の背景に流れているように思われます。

二　伝道の日々を送る

本願寺第八代となって

康正三年（一四五七、九月に長禄と改元）六月に父の存如が亡くなります。蓮如四十三歳のときのことです。存如の正室如円《にょえん》の子であった応玄《おうげん》との間に継職をめぐっての応酬があったとも伝えられますが、結果的には蓮如が本願寺第八代となりました。これ以降の蓮如の活動には目を見張るものがあります。

まずは親鸞の教えを信ずる門徒《もんと》の人々に対する接し方が大きく変わりました。たとえば、次の言葉はそれをよく伝えています。

身をすてて、平坐《ひらざ》にて、みな同坐《どうざ》するは、聖人《しょうにん》のおおせに、「四海《しかい》の信心《しんじん》のひとは、みな兄弟」と、仰《おお》せられたれば、われも、その御《おん》ことばのごとくなり。

（『蓮如上人御一代記聞書』三九）

一段高いところから門徒に接するのではなく平坐とし、膝を突きあわせて語り合ったのです。それは親鸞が「四海《しかい》（世界中の意）の信心《しんじん》のひとは、みな兄弟」と語っていたように、仏の教えにうなずく者はみな兄弟であるという親鸞の言葉に帰ろうとする姿勢でした。

また本願寺は天台宗の末寺として存続してきたために、仏像や絵像など、親鸞の教えと食い違うものがありました。それらを風呂の焚きつけとして焼いたとも伝えられます。なにもそこまでしなくてもという印象をもたれがちですが、なにによるのかという生きる要《かなめ》を明らかにするための行動でした。これが本尊の明確化と流布という蓮如の大きな仕事につながります。それは「名号《みょうごう》」を書くことでした。

門弟の空善が書きのこした『空善聞書《くうぜんききがき》』には、「おれほど名号をかきたる人は日本にあるまじきぞ」という言葉が伝えられていますが、自らこのように語るほど、蓮如は名号を書いて、門徒に与えたようです。

「木像《もくぞう》よりはえぞう、絵像《えぞう》よりは名号」（98頁参照）という言葉もあるように、蓮如は名号を本尊として生きることをすすめました。木像であれば、場所を選ぶ必要がありますし、それなりの金銭もかかります。貧しい人は家に木像を迎えることはできなかったでしょう。しかし、名号であれば、どこであっても掛けさえすれば、そこが仏法の道場になります。「本尊《ほんぞん》は掛《か》けやぶれ」(94頁参照)という言葉からは、もし破れたらまた書いてやるぞという蓮如の声が聞こえてきます。

早い時期に書かれたものには、親鸞が大事にした「帰命尽十方無碍光如来《きみょうじんじっぽうむげこうにょらい》」(十方世界を照らして衆生を救う阿弥陀如来をよりどころにすること)の十字の名号が多く見られます。これは親鸞が仰いだ七高僧の一人である、天親菩薩《てんじんぼさつ》の『浄土論』にある言葉です。「南無阿弥陀仏」の六字の名号がもちろん中心ですが、「南無阿弥陀仏」の意味を確かめる言葉として親鸞は十字名号を大事にしたのです。

「南無阿弥陀仏」はインドの発音を漢字に写したいわゆる音写語です。これは宗派を問わず、日本においても広く用いられていました。しかし、「帰命尽十方無碍光如来」は一般的ではありませんでした。そのため、蓮如が十字名号を書き与えることは、新しい宗派を作る動きとして目を付けられるようになります。そして、実際に比叡山の衆徒からは「無碍光宗《むげこうしゅう》」と呼ばれ批判されます。

これに対し蓮如は、あつれきを避けるために白紙に「南無阿弥陀仏」と書いた六字名号を与えるようになります。現在も蓮如筆の名号が全国に数多く伝わっていますが、そのほとんどは草書体で書かれた六字名号です。蓮如は多いときには、一日に何百も書いたといわれます。

名号を中心に人々が集まり、仏法を聴聞する場があちこちにできていきました。それが「講《こう》」と呼ばれるものです。南無阿弥陀仏の本尊を中心に寄り合い、仏法を通して談合する、それを蓮如はすすめました。これによって親鸞の教えに縁を結ぶ人がさらに増えていきます。ただ、このことが伝統的宗教勢力から敵対視されることにもなります。これは後に「大谷破却《おおたにはきゃく》」という事件となって表面化します。

教えを広めるため「御文」を書く

若い時期から書写した聖教《しょうぎょう》を与えていた蓮如ですが、自身の著作として最も早いものは『正信偈大意《しょうしんげたいい》』で、四十六歳のときでした。これは近江国金森《かねがもり》の道西《どうさい》の求めに応じて書かれたもので、親鸞の「正信偈」について解説したものです。

「正信偈」は親鸞が作った漢文の歌で、親鸞の主著である『顕浄土真実教行証文《けんじょうどしんじつきょうぎょうしょうもん》』

類《るい》』(『教行信証《きょうぎょうしんしょう》』とも)の中におさめられています。「教行信証」は全体で六巻からなる大部なもので、「正信偈」はその第二巻である「行巻」の末尾に置かれています。一句が七文字で一二〇句ありますが、前半は経典の言葉に基づいて、阿弥陀仏と釈尊を讃嘆しています。後半は七高僧を讃嘆する言葉で、インドの龍樹《りゅうじゅ》・天親菩薩《てんじんぼさつ》、中国の曇《どん》鸞《らん》・道綽《どうしゃく》・善導大師《ぜんどうだいし》、さらには日本の源信《げんしん》・源空《げんくう》(法然上人)の徳が順に歌われています。蓮如の『正信偈大意』は、「大意」と言いながらも、「正信偈」の一句一句について丁寧に述べられています。これが、蓮如が自分自身の言葉で語る端緒となりました。翌年の三月、やはり道西《どうさい》の求めにより、初めて御文が書かれます。「筆始《ふではじ》めの御文」と呼ばれています。現存する御文は、二五〇通あまりを数えます。この御文によって親鸞の教えはさらに広まることになりました。

御文は「ふみ」と呼ばれるとおり、仮名で書かれた手紙の形をとっています。とは言っても、個人宛ての手紙ではありません。実際に、人が集まる講《こう》に宛てて書かれた御文も多いですし、たとえ宛先が個人であっても、門徒衆の前で読み上げられることが想定されています。その意味では、教えを伝える「法語《ほうご》」です。

御文が読み上げられることによって、たとえ文字が読めない人であっても、法語を聞いて教えに触れることができるようになったのです。また書かれた紙の形から見ると、初めから軸装して掛けることを想定して書かれたものもあったようです。

御文の製作について、蓮如の六男・蓮淳《れんじゅん》の著した『蓮淳記』は次のように伝えています。

「千の物は百に、百の物は十に、そして十の物は一にと、すぐに聞いてうなずけるようにと思われて、御文を書かれました。そして凡夫《ぼんぶ》が速《すみ》やかに迷いを超えることを明らかにされたのです。」

御文は難しい言葉ではなく、だれもがうなずくことができる言葉を選んで作られたことがわかります。しかもその中心は、凡夫が速やかに仏になることを示すことにあったのです。蓮如は、聞いてくれる人々の顔や生きる姿を思い浮かべながら書いたに違いありません。

ですから御文は、具体的な状況や問題を踏まえて書かれたものであり、単に教理を解説したり説明することに主眼はありません。人々が生きていくよりどころ、その要点を呼びかけているのです。

大谷の本願寺が破壊される

寛正六年（一四六五）の正月、比叡山の衆徒によって大谷の本願寺は攻撃され破壊されます。天台宗の色を拭って教化活動を進める蓮如の姿勢が反感を買ったのです。また、近江の堅田《かただ》や金森《かねがもり》の門徒衆が蓮如のもとに結束し、その勢力を強めつつあったことも、比叡山にとっては見過ごすことができなかったと思われます。比叡山の攻撃は一度では終わらず、三月に再び襲われ、大谷本願寺は壊滅状態になりました。これ以降、それまで大谷に安置していた親鸞の影像は、各地を転々とすることになります。都の市中をいくつか移った後、近江《おうみ》の門徒の間を回りますが、どこも安泰とはいえませんでした。

蓮如が五十三歳のとき、都では応仁《おうにん》の乱《らん》が始まり、緊迫した雰囲気は地方にも広まりつつありました。応仁の乱は応仁元年（一四六七）から十一年にわたって続いた戦乱です。将軍家の相続問題と管領家《かんれいけ》の跡継ぎをめぐる争いに端を発し、諸国の守護大名が東軍・西軍に分かれて戦ったもので、その影響は全国に及びました。下の者が上の者をたおす下剋上《げこくじょう》の風潮に拍車がかかり、時代はますます乱世の様相を呈することになりました。

翌応仁二年には比叡山が堅田を攻撃し、町はほぼ全焼したといわれています。いわゆる「堅田大責《かただおおぜめ》」です。堅田の門徒衆は琵琶湖の対岸にある沖島《おきしま》に逃れたそうです。

この後、蓮如は東国に赴いたり、紀伊高野山《こうやさん》・大和吉野《よしの》をめぐったりしています。落ち着き先を探しての旅だったのではないでしょうか。そして、五十五歳のとき、三井寺《みいでら》の南別所に坊舎《ぼうしゃ》を建立し、ようやく親鸞の影像を安置します。

門徒衆の中には、比叡山との戦いも辞さないという者もいましたが、蓮如はそれを厳しく戒めています。戦いが拡大していくことを危惧し、無用な犠牲を避けるためであったともいえますが、たとえ戦いに勝ったとしても本当の解決にはならないことを知っていたからにほかなりません。この蓮如の姿勢は、後の一向一揆《いっこういっき》に対する態度にもうかがえます。

活動の拠点を越前の吉崎に移す

文明三年（一四七一）の春、蓮如は越前国吉崎《よしざき》に坊舎を建てます。吉崎に向かった理由はいろいろと考えられますが、第一には、比叡山の圧迫を避けて、活動の拠点となる場所を選定したと思われます。また北陸は、蓮如以前から本願寺の歴代の布教によって縁を結んだ土地でもありました。さらに、吉崎が位置する細呂宜《ほそろぎ》の郷は、興福寺大乗院《じだいじょういん》の経覚《きょうがく》の所領でした。経覚は本願寺と姻戚関係にあり、父の存如《ぞんにょ》と親しく、蓮如も若い頃から縁があったのです。

文明五年の「御文」の中に次のような言葉があります。

さればこの両三ヶ国のうちにおいて、おそらくは、かかる要害《ようがい》もよく、おもしろき在所《ざいしょ》、よもあらじとぞおぼえはんべり。

二・三カ国の中で、吉崎ほど地勢がけわしく敵から守りやすいところは他にはないと思われる、と述べられているわけですが、戦いの中を生きてきた蓮如ならではの言葉といえます。親鸞の教えを広める拠点として、蓮如には吉崎が面白い村里と映っていたのです。

蓮如が吉崎に落ち着くと、多くの人が集まってきました。周辺の加賀《かが》、越中《えっちゅう》、能登《のと》にとどまらず、越後《えちご》、信濃《しなの》、さらには出羽《でわ》、奥州《おうしゅう》からも参詣者が訪れました。その数は万を超えるほどだったようです。その人たちのために、多屋《たや》（他屋とも）（91頁参照）という宿泊施設が建てられ、二百も軒を並べるようになったといいます。

中央には馬が通る大道もでき、南大門や北大門という名前まで付けられるような宗教都市の装いを呈していました。

ただし、多くの人が集まることを喜んでばかりはいられませんでした。周辺の古くからの宗教勢力との間に摩擦を生ずることになったからです。蓮如の教えはどこまでも新興のものと見られましたし、なかには伝統宗教を軽んずる人が出てきたりしたからです。また吉崎に集まる人々の力を利用しようとたくらむ者も出てきます。このため蓮如は、本当に教えを聞こうとしない者に対しては、吉崎への出入りを制止するようになります。

この吉崎時代の仕事として、親鸞の著した「正信偈《しょうしんげ》」と「三帖和讃《さんじょうわさん》」（「浄土和《じょうどわ》讃《さん》」、「高僧和讃《こうそうわさん》」、「正像末和讃《しょうぞうまつわさん》」）の開板（出版）があります。毎日の勤行《ごんぎょう》として「正信偈」「三帖和讃」を読む形は、すでに父存如《ぞんにょ》の時代には始まっていたと思われます。ただ、それを徹底したのは蓮如であり、「正信偈」と「三帖和讃」の四冊をひとそろえにして出版したのは蓮如が初めてです。

三　一向一揆の中で

吉崎の門徒衆が力を増す

蓮如というと、すぐに一向一揆《いっこういっき》と結びつけて考える人がいます。実際、日本史の教科書などを見ると、そう受けとめてもおかしくない記述がなされています。ところが、蓮如は一向一揆をすすめていませんし、ましてや扇動したわけではありません。それをまず確かめておきたいと思います。

そもそも「一揆」という言葉は「揆を一にする」という意味で、「揆」は考え、はかることですから、考えを同じくする、心を一つにすることが一揆の意味です。決して力に訴えて暴動を起こすというようなことではありません。しかし、加賀《かが》の一向一揆は、長享二年（一四八八）に守護の富樫政親《とがしまさちか》を自害に追い込み、「百姓の持ちたる国」を実現し、以後、百年間にわたり守護のいない国を作ったことも事実です。

蓮如と一向一揆をどう考えたらよいでしょうか。蓮如が吉崎《よしざき》に進出して二年後、文明五年（一四七三）九月下旬の日付をもつ「御文」には次のように述べられています。

　そもそも、当流念仏者《ねんぶつしゃ》のなかにおいて、諸法を誹謗《ひほう》すべからず。まず越中・加賀ならば、立山《たてやま》・白山《しらやま》そのほか諸山寺《しょやまでら》なり。越前ならば、平泉寺《へいせんじ》・豊原寺《とよわらじ》等なり。

蓮如の教えを聞いて喜ぶ人の中には、他の宗教を誹謗する者があったことがわかります。越中の立山、加賀の白山、越前の平泉寺・豊原寺など、周囲の伝統勢力との間にあつれきがすでに生じていたのです。

加えて、加賀では富樫政親とその弟の幸千代《こうちよ》が、越前では朝倉氏と甲斐氏が、国の支配権をめぐって激しく争っていました。吉崎は加賀と越前の国境に位置していたので、多くの人々が集まってくる吉崎の動きには、両陣営とも神経をとがらせていたのです。近江における比叡山との戦いを避けて吉崎にきた蓮如でしたが、ここでも戦いに巻き込まれていくことになります。

このようななか、文明五年十月、吉崎の多屋《たや》に集まる人々は、仏法を護るためならば戦いも辞さないことを宣言します。それが、「多屋衆決議文《たやしゅうけつぎぶん》」と呼ばれるものです。願いはあくまでも念仏往生《ねんぶつおうじょう》の安心《あんじん》をすすめることにあると確かめつつ、その拠点である吉崎が攻撃された場合には、一命を惜しまず合戦することが述べられています。これを蓮如の言葉と受けとめた人々の意気は否応なしに高まったと思われます。

ただし蓮如は、後にも述べますが、決して争うことをすすめているわけではありません。また、「一向宗《いっこうしゅう》」と名のることは誤りだとも述べています。親鸞が「浄土真宗《じょうどしんしゅう》」と言ったように、大切なのは阿弥陀仏のはたらきによって浄土に生まれることだと説きました。ここにも、一向宗の名のもとに人が寄り集まって一大勢力となることと、そして世間の抗争に関わっていくことを危惧していたことがうかがえます。

門徒衆の言動を戒める

蓮如が吉崎を拠点としていたのは、文明三年から文明七年までの四年あまりの期間です。その間に蓮如は、現在わかっているだけでも七八通もの御文を書いています。それだけ教化に精力的だったといえるわけですが、周囲とのあつれきのなかで、門徒衆の言動を戒める必要があったからだと考えることもできます。

一方、蓮如の行動を「王法為本《おうぼういほん》」（王法を本《もと》と為《な》す）という言葉で批判する人もいます。王法、つまり世間を中心にした、もっと言えば世間におもねったと決めつける見方です。しかし、王法という言葉が御文で使われるのは、文明六年二月が初めてで、ほとんどは文明十年の二月までの四年間のものです。つまり、世の中の状況とそれに関わる門徒衆の言動とのなかで語られているのです。

先に述べた「多屋衆の決議」が出た文明五年十月の翌月に、蓮如は「十一箇条の掟《おきて》」を出しています。その要点は、よろずの神・仏・菩薩を軽んじてはならないこと、他宗を誹謗してはならないこと、守護・地頭を軽んじてはならないこと、信心がはっきりしないのに人の言葉に乗じて仏法を語ってはならないこと、仏法の集まりにおいて、魚鳥を食べたり、酒に溺れたりしてはならないこと、また博奕は停止すべきこと……などです。

いずれも門徒衆のなかで、実際に行われていたからこそ厳しく戒める必要があったのです。そして、この掟に背く者は、吉崎の門徒衆の中から退出すべきことが定められています。

しかし、戦いに傾いていくことを蓮如が抑制しても、勢いづいた門徒衆を簡単にはとどめることはできませんでした。「掟の御文」は何度も出されていますが、文明七年五月七日の御文では、吉崎に居を定めた願いはもっぱら仏法興隆にあったということから書き起こし、それが昨今は、周囲との戦いに巻き込まれて、本意を遂げることができなくなっていることをなげいています。そして、これからは心静かに念仏修行しようと欲する心ばかりであるとまで述べています。

これに続いて「十箇条の掟」が定められています。前の十一箇条と比べると、多屋《たや》衆《しゅう》、坊主衆《ぼうずしゅう》（僧侶たち）に対して特に呼びかけており、自らの生き方として信心を明らかにするとともに周りの人々にもすすめていくことに要点があります。親鸞の教えに縁をもちながら、戦いに追われる毎日をなげき、教えに生きることを呼びかけているのです。

このように、蓮如は乱世の戦いの中にあって、親鸞の教えに生きる道を説き続けました。その根には、たとえ戦いに勝って支配権を手に入れたとしても、仏法を興隆することにはならないという信念があります。戦いを繰り返す乱世の痛ましさを本当に知っていたのが蓮如なのです。

戦いを避けるために吉崎を退去

たび重なる蓮如の戒めにもかかわらず、戦火は拡大していきました。文明六年（一四七四）の戦いで、本願寺の加勢を得た富樫政親《とがしまさちか》は弟の幸千代《こうちよ》の軍を破り、加賀の支配権を手にいれます。ところが、本願寺勢力の強さに危機を感じた政親は、本願寺との協力体制を約束していたにもかかわらず、しだいに本願寺側に圧迫を加えるようになりました。

翌文明七年になると、加賀の門徒衆は富樫政親に反撃するとともに、越中に逃げ延びます。蓮如の十男・実悟《じつご》がまとめた『天正三年記』という記録によれば、蓮如と門徒衆との間を取り次ぐ役割をしたのは下間蓮崇《しもつまれんそう》でした。そのとき、門徒衆が和睦を望んでいたにもかかわらず、蓮崇は「門徒衆は再び加賀へ攻め入るつもりだ」と偽って蓮如に告げました。それを真実だと思った蓮如は、戦いは無用と思いつつも、しかたのないことだと敢えて意見しなかったといいます。

これを受けた門徒衆は蓮如の意思は徹底抗戦にあると思ったようです。蓮崇の意図がどこにあったかは確かめるべくもありませんが、結果として戦いはさらに続くことになったのです。

このような中で、蓮如はついに吉崎からの退去を決めます。仏法興隆の拠点として大事に思ってきた吉崎が、本来の願いに応える場ではなくなってきていたことが大きな理由です。加えて、蓮如が吉崎にとどまることが、蓮如と吉崎を守ろうとする門徒衆の熱気をかえって煽ることになると予想したからに違いありません。

文明七年八月下旬、息子の順如《じゅんにょ》が大津より駆けつけ、その機転により蓮如はなんとか船で吉崎を脱出します。蓮如六十一歳のときのことでした。その船には下間蓮崇も潜んでいたようですが、順如によって陸に放り出されたと伝えられています。ちなみに、この下間蓮崇は蓮如が亡くなる五日前に、ようやく蓮如から許しを得ることになります（47～48頁参照）。

四　各地に御坊を建立し、教えを広める

河内国の出口に落ち着いて

吉崎を後にした蓮如は、海路で若狭の小浜《おばま》に着きました。その後、丹波国《たんばのくに》、摂津国《せっつのくに》を通って河内国《かわちのくに》の出口《でぐち》（現在の大阪府枚方市）に落ち着きます。ルートを明らかにすることは難しいですが、蓮如が逗留した所には教えを聴聞する人が次々と増えていきます。たとえば、丹波の美山《みやま》（現在の京都府南丹市美山町）には、現在もたくさんの道場があります。

文明七年十一月二十一日の「御文」は、次の言葉から始まります。

そもそも今月《こんがつ》二十八日は、開山聖人御正忌《かいさんしょうにんごしょうき》として、毎年不闕《ふけつ》に、かの知恩報徳《ちおんほうとく》の御仏事《おんぶつじ》においては、あらゆる国郡《こくぐん》、そのほかいかなる卑劣《ひれつ》のともがらまでも、その御恩《ごおん》をしらざるものは、まことに木石《ぼくせき》にことならんものか。これについて、愚老《ぐろう》この四五《しご》か年のあいだは、なにとなく北陸《ほくりく》の山海《さんかい》のかたほとりに居住すといえども、はからざるに、いまに存命《ぞんめい》せしめ、この当国《とうごく》にこえ、はじめて今年《こんねん》聖《しょう》人《にん》御正忌《ごしょうき》の報恩講《ほうおんこう》にあいたてまつる条、まことにもって不可思議の宿縁《しゅくえん》、よろこびてもなおよろこぶべきものか。

まず親鸞の命日には毎年欠かすことなく報恩講を勤めてきたことが述べられていよ

す。続いて、この四、五カ年を吉崎で過ごしてきたことが述べられ、なんとか窮地を脱して存命し、今年も報恩講を勤めることができる喜びが語られています。八月下旬に吉崎を出て、十一月の報恩講をなんとか迎えることができたのです。「不可思議の宿縁《しゅくえん》」という言葉には万感の思いが込められています。

出口《でぐち》は摂津、和泉、大和に通ずる交通の要所であり、多くの情報が集まる場所でした。ここに、蓮如は三年近く滞在します。その間にも、摂津国《せっつのくに》の富田《とんだ》、和泉国《いずみのくに》の堺《さかい》に坊舎を建てていきます。この頃の堺は商業都市として栄える前兆を見せていましたが、蓮如が坊舎を建立したことで、宗教都市になっていきます。応仁の乱が終息に向かいつつあるなか、蓮如は新しい活動の拠点を求めていたと思われます。

六十三歳の年の報恩講に向けて書かれた御文は、特に「御俗姓《ごぞくしょう》」と呼ばれています（31頁参照）。親鸞の俗姓（藤原氏）の由来を初めに述べ、改めて報恩講を迎える意味を確かめているのですが、内容は蓮如の教化によって、集まる人は増えていても、真実信心を獲得する人が少ないという現状をなげいているものです。阿弥陀仏の本願の道理をよく聞き、念仏者となって生きること、この一点に蓮如の願いがあったことが読み取れます。

山科に本願寺を再建

文明十年（一四七八）になると、蓮如は京都にほど近い山科《やましな》に居住します。本拠地としての本願寺を再建するためでした。振り返れば、寛正六年（一四六五）に大谷本願寺が破却されてから、十三年あまりにわたって各地を転々としてきた蓮如です。親鸞の影像を安置する本願寺の再建には並々ならぬ思いがあったに違いありません。

文明十一年には大和国吉野《よしの》に木材を求め、翌十二年から御影堂の建築が始まります。工事中には将軍足利義尚《あしかがよしひさ》の母である日野富子《ひのとみこ》が訪れていることからもわかるように、山科の本願寺は幕府の後ろ盾も得て、着々と整備されていきました。文明十二年十一月十八日には大津の坊舎に安置してあった御影を移し、山科で報恩講が勤められます。蓮如六十六歳のときです。

この後も、山門、阿弥陀堂、諸堂の建築が進められるとともに、人々が住む町もできていきます。町の周囲には高い土塁と深い濠もめぐらされ、本願寺を中心にして山科は一大宗教都市となっていきます。室町時代末期の公家の日記（『二水記《にすいき》』）には「さながら極楽浄土を再現したようである」との記述も見えるほどです。

本拠地として山科本願寺が建立されたことは、多くの人々が門徒になる動きを生み出しました。その中でも大きかったのは、仏光寺《ぶっこうじ》の経豪《きょうごう》が多くの門弟を引き連れて本願寺に帰参したことです。文明十三年のことです。蓮如から蓮教《れんきょう》という法名を与えられ、本願寺の隣に興正寺《こうしょうじ》を建てます。

また、文明十四年には、越前国の証誠寺《しょうじょうじ》の善鎮《ぜんちん》が本願寺に帰参し、正闡坊《しょうせんぼう》の寺号を受けています。しばらく後になりますが、明応二年（一四九三）には、近江国の錦《きん》織寺《しょくじ》の勝恵《しょうえ》が門徒とともに帰参します。このように、山科本願寺は、教団として大きな規模をもつようになりました。

八十二歳のとき大坂の御坊が完成

延徳元年（一四八九）、七十五歳になった蓮如は、息子の実如《じつにょ》に寺務を譲り、山科本願寺の南殿に隠居します。そのときの蓮如の気持ちを、門弟の空善が書いた『空善聞書《くうぜんききがき》』は「代をのがれて心やすきなり、いよいよ仏法三昧《ぶっぽうさんまい》までなり」と伝えています。

本願寺の歴代を譲って、心は安らかになりました、これからはいよいよ仏法三昧の生活をしていくだけです、という意味になりますが、隠居といっても、単に楽隠居したわけではありません。実際、これ以降も六〇通以上の御文を書いています。また、八十一歳になってからも、大和国吉野《よしの》に願行寺《がんぎょうじ》や本善寺《ほんぜんじ》を新しく建立しました。門徒衆との関わりもいよいよ盛んだったのです。

そんななか、明応五年（一四九六）の秋には、摂津国大坂《おおざか》に坊舎を建てます。場所は現在の大阪城のあたりであったと推定されています。なぜはっきりしないのでしょうか。

蓮如が亡くなってから、天文元年（一五三二）に山科本願寺が戦火によって灰燼に帰したあと、この大坂御坊が本願寺となりました。それは、後の石山合戦《いしやまかっせん》のときに、織田信長がどれだけ攻めても落ちなかったことでよく知られています。江戸後期の文人、頼山陽《らいさんよう》は「抜き難し、南無六字《なむろくじ》の城」と歌っているほどです。しかしながら、難攻不落といわれた本願寺も十一年にわたる戦いを経て、講和によって織田信長に明け渡すことになりました。本願寺第十一代の顕如《けんにょ》の息子であった教如《きょうにょ》が最後まで踏みとどまりますが、教如が退去した直後に御堂も寺内町も全焼したと伝えられます。天正八年（一五八〇）八月のことで、蓮如没後八十一年目にあたります。

その後、豊臣秀吉によって、本願寺があったと推定される場所に大坂城が築かれます。本願寺の遺構が確認しにくい理由はここにあります。ただ、現在の大阪城二の丸には、蓮如上人が袈裟をかけたと伝えられる松の切り株があります。

話はもどりますが、蓮如は大坂に坊舎を建てた願いを、明応七年の御文で次のように語っています。

「この大坂に居住する願いの根本は、決して一生を心安く過ごすためではありません。栄華栄耀を好むとか、花鳥風月に心を寄せるためでもありません。迷いを超えて真実のさとりを得るために、信心を決定する人が生まれ、念仏を申す人が出てくることを願ってのことであります」と。

あくまでも、信心に生きる人、念仏もうす人が誕生することを願ったからでした。

この坊舎は、蓮如八十三歳の明応六年（一四九七）十一月下旬に完成します。

この御文は「大坂建立」と呼ばれますが、「明応七年十一月二十一日よりはじめて、これをよみて人に信をとらすべきものなり」という添え書きがあります。年紀が記されているものでは最後の御文です。

この中で、夏ごろから病気になり、この冬の間には命を終えていくだろうという予感が述べられています。実際に、この四カ月後に、蓮如は亡くなります。まさに死を覚悟して、最後となるであろう報恩講で読み聞かせてほしいという願いをもって書かれた御文です。

もう一つ、病気になってから蓮如は、明応七年五月から七月にかけて、聖教《しょうぎょう》を読んで信心を吟味することをすすめる御文を書いています。これら四通の御文はまとめて『夏御文《げのおふみ》』と呼ばれていますが、これを読むと、たくさんの人が集まっていても、親鸞の教えを本当に受けとめている人は決して多くなかったことがうかがえます。そうであるからこそ、蓮如の呼びかけは終生やむことがなかったのです。

明応八年（一四九九）になって、蓮如は大坂の坊舎で死を迎える準備をします。ところが、二月の下旬、突然山科本願寺に向かいます。親鸞の影像にお別れを申すためであったと思われます。そして三月二十五日の昼、ついに命を終えます。八十五歳でした。

蓮如は生涯に多くの歌を作っていますが、自らの命終《みょうじゅう》を見通した次のような一首があります。

ナキアトニ　ワレヲ恋シト　思ヒナバ
　弥陀《みだ》ノチカヒヲ　タノメミナ人

よるべきはどこまでも阿弥陀の誓願であり、私を恋しいと思ってくれるなら、いよいよ弥陀の誓願をよりどころにしてほしいと呼びかけています。それが親鸞から受け継いだ考えの要《かなめ》であり、なによりも蓮如自身がその教えに生きた人だったのです。

おわりに

これまで、蓮如の生涯をおおまかに見てきました。戦国時代の前夜、時代はすでに乱世の様相を呈していました。特に応仁の乱が京都で起こってからは、日本の各地に戦乱の火が上がっていました。そんな時代の中を蓮如は生きたのです。

蓮如自身の人生もまた戦いの連続でした。四十三歳にしてようやく本願寺の第八代を継ぎましたが、比叡山延暦寺の衆徒たちから二度にわたって攻められ、本願寺は灰燼に帰してしまいます。その後、近江の堅田《かただ》（滋賀県大津市）を経て、越前の吉崎《よしざき》（福井県あわら市）まで赴くことになります。逃げのびたというのが実際だったかもしれませんが、活動の拠点を求めて、訪ね歩いた結果でした。

吉崎での逗留は四年あまりに及びました。蓮如の話を聞こうとたくさんの人々が吉崎に集うようになりましたが、一方で、蓮如の教えを快く思わない者もありました。そのため、周囲の武家勢力や宗教勢力との間にあつれきが生じて、ついには加賀の守護職をめぐる戦いに本願寺も巻き込まれることになり、蓮如は吉崎を後にします。

六十九歳になって、ようやく山科《やましな》に本願寺を建立することができますが、そこに落ち着くまでは苦労の連続だったといえます。ただ、蓮如は「まことに、一人なりとも信《しん》をとるべきならば、身を捨てよ。それは、すたらぬ」と語っているように、一人でも信心を得て生きる人が誕生することを願った人でした。そのためであれば、「身を捨てよ」とまで語っているのです（83頁参照）。

たぶん蓮如は、自分がした苦労を、苦労ではなく、自分が果たすべき使命と感じていたと思われます。その意味では、蓮如は確かに世間の武家勢力や宗教勢力と向き合い戦った人ではありますが、その目的はひとえに、人に信心を得させるためだったといえます。

それは蓮如自身が、親鸞が明らかにした阿弥陀仏の浄土の教えの大事さを痛感し、親鸞の教えに生きようとしていたからにほかなりません。親鸞の教えに生きるといっても、決して個人的なことではありません。平和を求めながらも戦いを繰り返す世間の姿、満足を得ようとして空しく人生を過ごしてしまう人間の姿を見るにつけ、いよいよ仏の教え、浄土の教えが不可欠であることを蓮如は感じていたに違いありません。そんな中で、せっかくその教えに縁をもちながら、正しく受けとめていない者に厳しく接したのが蓮如でした。「坊主《ぼうず》と云《い》う者は、大罪人《だいざいにん》なり」（42頁参照）という言葉は、その叫び声です。

この根底には「歎異《たんに》の精神」があるといえます。『歎異抄《たんにしょう》』は親鸞の門弟である唯《ゆい》円《えん》がまとめたもので、前半には親鸞の言葉を置き、後半は親鸞の教えに異なっている生き方を歎《なげ》く唯円の言葉から成っています。この書を蓮如は自身のために書写し、座右において読んでいたと思われます。知らないことを知り、知ると自慢したくなるのが人間ですが、教えを聞くうえでも同じことが起きます。知っていることを誇ったり、そのことを知らない人を見下したりするのです。それでは教えを聞いたことにはなりません。

『歎異抄』は、親鸞の教えに異なっていることに対し、高みに立って批判を加えている書物ではありません。唯円自身が教えを見失って他と言い争いをしていく自らの危うさを歎いています。蓮如もまた、自分だけは間違っていないという立場から人に教えを垂れたのではありません。自らの危うさをよく知らされたからこそ、いよいよ親鸞の教えに立ち返っていったのです。

時代の中で、教えを通して自らの生き方を問い、世の中のあり方を問うていった蓮如の姿勢が、今こそ求められるように思います。

参考・引用文献

稲葉昌丸編『蓮如上人遺文』法藏館、一九三七年
笠原一男・井上鋭夫校注『蓮如　一向一揆』岩波書店、一九七二年
堅田修編『真宗史料集成』第二巻（蓮如とその教団）同朋舎、一九七四年
出雲路修校注『御ふみ』（東洋文庫）平凡社、一九七八年
森龍吉著『蓮如』講談社現代新書、一九七九年
源了圓著『蓮如』講談社、一九九三年
真宗大谷派教学研究所編『蓮如上人行実』東本願寺出版部、一九九四年
早島鏡正編『蓮如のすべて』新人物往来社、一九九五年
金龍静著『蓮如』吉川弘文館、一九九七年
浄土真宗教学研究所・本願寺史料研究所編『講座　蓮如』全六巻　平凡社、一九九六〜一九九八年
大谷大学真宗総合研究所編『蓮如・人と教え』東本願寺出版部、二〇〇〇年
神田千里編『民衆の導師　蓮如』吉川弘文館、二〇〇四年

一楽　真（いちらく・まこと）
1957年石川県生まれ。大谷大学大学院文学研究科博士後期課程満期退学。文学修士。現在、大谷大学教授。
主な著書に『親鸞聖人に学ぶ―真宗入門―』、『この世を生きる念仏の教え』（東本願寺）、『大無量寿経講義』（文栄堂）、シリーズ親鸞『親鸞の教化―和語聖教の世界―』（筑摩書房）などがある。

日本人のこころの言葉
蓮　如

2014年7月10日　第1版第1刷発行

著　者　一楽　真
発行者　矢部敬一
発行所　株式会社 創元社
〒541-0047 大阪市中央区淡路町4-3-6
TEL 06-6231-9010（代）
FAX 06-6233-3111
URL http://www.sogensha.co.jp
東京支店　〒162-0825 東京都新宿区神楽坂4-3 煉瓦塔ビル
TEL 03-3269-1051
印刷所　藤原印刷株式会社

乱丁・落丁の場合はおとりかえいたします。　検印廃止

ISBN978-4-422-80065-3 C0381